外国人眼中的中国

在华生活锦囊101

101 Tips for Living in China

101

《在华生活锦囊101》项目组 编
于德伟 译 / 喻旭东 译审

北京语言大学出版社
BEIJING LANGUAGE AND CULTURE UNIVERSITY PRESS

目　录

学在中国

住在中国

行在中国

吃在中国

乐在中国

购在中国

学在中国

决定去中国留学后会发生什么变化？

有人问我：在中国读一个完全用普通话授课的四年制本科学位是什么感觉？我的回答是：比你想象的要容易，也比你想象的要难。或者说，比想象的更有意义。

一般来说，人们的世界观是由他们所生活的环境塑造的。就说我吧，一个来自美国小镇、在家接受教育的害羞男孩儿，曾以非常狭小的视角来看待这个世界。在中国留学的头几年里，我在生活和学习中面临的最大困难就是，要面对截然不同的文化与世界观，并接受这些不同带给自己的变化。如果想要融入中国社会，成为它的一分子，仅仅靠改变我的世界观和理想去适应它是远远不够的。我必须打开心扉，从另一种语言中去学习，用另一种文化视角去看世界。毕竟，这就是教育的意义所在，不是吗？

最终，我决定接受自己内心的变化，这也成了我在中国学习的转折点，或许也是我人生的转折点。

我最初的计划是在北京学习三个月普通话，但很快就延长至七个月。

不久，我把自己的学习方向定为经济贸易专业。两年后，那个曾经在学校南门徘徊的害羞男孩儿再也见不到了，他已经蜕变成了一个全新的男孩儿：一个外向、专注、有自己人生方向的人。这个“焕然一新”的我去参加了汉语演讲比赛，主持了学校活动，还接受了中国媒体的采访。

有四件事让我印象深刻，它们标志着我的汉语能力在逐渐提高。第一件发生在我来中国大约四个月后，我第一次全程用普通话与一位中国朋友交谈，尽管内容很简单。第二件是我在睡梦中用汉语说话。第三件，我在读大二时，有一次乘坐出租车，司机一句英文都不会，我们全程都在用普通话讨论政治问题。第四件事给我的印象最深刻，大三时，我和妻子去一家盲人按摩院按摩。按摩师一直和我聊天儿，大概按了半个小时后，妻子让我的按摩师猜猜我是哪里人。按摩师根据我的口音猜我是来自中国北方。当妻子告诉她我其实是美国人时，她非常惊讶，那不可置信的反应一直鼓励着我要继续学好汉语。

在我看来，对于任何想到中国留学的人来说，真正的问题不是“通过留学我能得到一份好工作吗？我能说出一口流利的汉语吗？学好汉语是不是太难了？”，而应该是“我能接受自己内心的变化以及改变看待这个世界的方式吗？”。

你的答案将决定你会在学习上付出多少努力，而这正是你获得成功的决定性因素。

想要到中国留学的人，下面几条建议也许能给你提供帮助：

- 第一点，也是最重要的一点：相信自己，你能做到！虽然说出一口纯正、地道的汉语（或任何一种语言）需要多年的投入和努力，但这绝对是可以实现的。这主要取决于你是否有信心和决心去改变自己。
- 不要害怕尝试。虽然一想到去往地球的另一端就会让人心生畏惧，但只要你迈出这一步，我相信没有人会后悔。你在这里学到的东西将会伴随你的一生，并可能成为你生命中最精彩的一部分。
- 无论你是来自小乡村还是大城市，到了中国，你就开启了一段崭新的旅途。即使你来自小乡村，你也会得到和大城市的人一样的机会。
- 正如你的局限是由你自身决定的一样，能否获得来中国的机会也全由你自己决定。

姓　　名：于泽熙
国　　籍：美国
就读院校：北京语言大学
在华时间：4 年
居住城市：北京

留学中国，做好心理准备了吗？

出国留学是一件令人兴奋的事。几年前，我高中刚毕业，对留学既感到兴奋又有些紧张，还带着些许困惑。我在飞往中国之前的一个月左右，主要通过网络查询中国的相关信息，了解情况，解决疑惑。我看到一些网络评论，说中国人都很友善，外国人在中国生活很容易习惯，这让我很高兴。但是，也有许多问题未能得到解答。直到来到中国之后，这些疑问才慢慢解开，有些答案甚至出乎我的意料。在这里分享一下我的个人经历，或许能帮那些想到中国留学的读者做好心理准备。

首先，我要说的是语言障碍。第一次来中国，又不会讲汉语，的确会有些困难。尤其是出了校园，就更加困难。幸运的是，中国人普遍都十分友善，如果你遇到困难，尽管沟通有些费劲，但他们依然会尽力帮助你。如果帮助你的是学生，情况会好些，因为学生很有可能会讲英语。中国人都非常热情好客，让你感觉到生活在中国挺受礼遇的。我原本还担心在异国他乡交不到朋友呢，但其实许多人都很乐意与你交朋友，尽管有些人可能需要借助翻译软件才能与你进行简单的沟通和交流。

许多人可能想了解学会汉语要花多长时间。答案是“很快”。上了几个月的汉语课后，你会发现自己汉语水平有进步了；一年之后，你会发现自己用汉语学习专业课都不费劲了。我现在就是这样，用汉语学习专业课程，并且是班里唯一的外国学生。

中国科技发展迅速，亲身体验中国科技的进步我感到十分兴奋，同时也有一点儿紧张，担心自己能否适应每天都在发生的变化。结果，我适应得还不错。中国的科技确实让生活变得更加便利了，其发展

速度比我预想的要快得多。而且，得益于科技的进步，像北京这样的城市比我们想象的还要安全。

来中国之前，父母还非常担心我的人身安全问题呢。亲身经历之后，现在我可以毫不犹豫地说，中国是我居住过的最安全的国家。我甚至说服父母，让他们放心地来中国，一点儿不用担心安全问题。

下面是我的一些建议，可能会对你有所帮助：

- 来中国之前，应该咨询到过中国的同学或者通过网络查询相关信息，了解中国的情况。提前学习一些简单的汉语也会对将来有很大帮助。
- 刚开始不要害怕语言学习困难，有翻译软件呢，再加上周围的汉语环境，你会很快适应的。
- 内心要坚强，这一点很重要。如果是第一次远离家乡，大家难免会想家。
- 在学习专业课时，可以向老师和同学请教，一点点取得进步。当然要做好心理准备，学习过程中毕竟要付出一定的努力的。
- 可以告诉家人，自己在中国人身安全没问题，生活也很舒适，能够顺利地完成学业。

姓　　名：哈卡
国　　籍：尼泊尔
就读院校：电子科技大学
在华时间：2 年
居住城市：天津、北京、成都

怎样才能创造一个良好的学习环境？

在我看来，对汉语最大的误解就是汉语非常难。其实汉语也不像人们说的那么难学。学习汉语的困难不在于语言本身，而取决于学习环境。生活在中国，就有了一个很好的汉语学习环境，但得看你会不会利用。如果你认为生活在中国就能把汉语学好，那就错了。我有一些朋友比我在中国待的时间长多了，但还只会说一些简单的句子，只能应付日常生活。要真正学好汉语，必须愿意学习，并且不能把自己和中国人以及中国文化隔离开来。

许多外国学生到中国后，只同本国人或其他外国人交朋友，这是最大的错误。很多人经常问我：你是如何在短短一年半的时间里让汉语进步如此之快的？怎么说呢？主要是由于我在中国期间很少和本国人交往。别误会，我并不反对与加拿大人或其他外国人交朋友，但是我觉得如果我来这里的目的是学习汉语，那么我最好主要和中国人交往。我在中国确实有一小拨外国朋友，因为我喜欢讲母语。想家的时候，和这些朋友可以聊很多，但是我每周大部分时间都是和中国朋友在一起的。

很多人刚开始学汉语的时候，可能会很紧张，不敢讲汉语。这很自然，但并不能因此就不和中国朋友交往。在中国交朋友并不困难，你只需走出房间，多和别人打打交道。如果你不是很喜欢社交，也有一些在线应用程序，可以用来进行语言交流，但我不确定这对你练习汉语口语有多大帮助。最好的办法是与有共同兴趣的中国朋友建立一个群，和他们交流起来也会越来越轻松。交了几个新朋友之后，你的朋友圈就会不断扩大，朋友越来越多，多得有时候你都会感觉有点儿应接不暇了。

以下是为那些想要营造良好学习环境的人提供的一些建议：

- 不要不敢讲汉语，也别怕犯错误。别人知道你是外国人，一般会对你讲的汉语比较包容。在中国生活，如果你努力去尝试和别人用汉语交流，并且努力学习汉语，而不是指望别人最终都能用英语和你交流，反而会得到更多人的尊重。
- 沉浸在中国文化中是学习汉语的好方法。汉语与其历史文化息息相关，我只是对中国文化的某些方面感兴趣，就学到了很多知识，结交了很多朋友。
- 正如你在学习一门新语言一样，你的许多中国朋友也想学习英语。和这些朋友用英语交流要有耐心，反过来你和他们用汉语交流时，他们也会对你保持耐心。毕竟用外语沟通时，谁也不能一下子就什么都听得明明白白。
- 好的学习环境对于提高汉语水平的影响比你想象的要大得多，有助于你在全班脱颖而出。课堂上的学习能帮你打下一些汉语的基础；从朋友那里学习来的汉语，却能让你汉语的说和写更自然、更流畅。

姓　　名： 李云起
国　　籍： 加拿大
就读院校： 北京语言大学
在华时间： 2 年
居住城市： 北京

如何选择合适的大学？

就像选食物要符合自己的口味一样，选择一所合适的大学，首先要考虑的便是这所大学是否开设自己感兴趣的专业和课程。兴趣是学习的动力，当学习遇到困难时，我们会感到痛苦和压力，因此找到克服这些痛苦和压力的动力，找到自己喜欢的东西是非常重要的。同时，只有当我们对某些课程或话题产生兴趣时，我们才更容易从中发现学习和探索的价值。

其次要考虑的是个人的经济能力。外国学生到中国留学，光学费一年就得两万人民币或更多。虽然这个学费比多数西方国家低得多，但还是要充分考虑个人以及家庭的经济情况。你可以申请奖学金，这一点对于想要来中国留学的人来说非常有吸引力。

地理环境也需要考虑，如离自己国家的距离、环境的舒适度、空气的质量等。具体选择在哪个城市学习得视个人“生理”(是否会引起过敏、哮喘、疼痛不适等）和“心理”(离家的距离、环境的干净度等）的承受能力而定。学习时间的长短也得根据个人的情况而定。一般而言，中国的大学本科学制为 4 年，部分学科如医学或建筑学则为 5 年；硕士研究生 2—3 年，博士研究生 3—4 年不等，具体取决于你所在的大学和所学的专业。

如果你对语言感兴趣，可优先考虑去语言学校学习（如北京语言大学、一些外国语大学等)；如果你喜欢中医，可选择医科类大学；喜欢体育则可选择体育类大学。至于其他的专业学校或者综合性院校，可以通过各高校官网查看该校开设的具体专业。与此同时，你还可以上网查询中国大学各专业的录取要求，然后看看自己是否符合录取条件。

简而言之，在进行选择时要不断问自己：我对什么学科感兴趣？我擅长学习什么样的知识？我对学习时间、学习地点有什么要求？我的经济条件怎么样？我对学校所在地有什么要求？…… 能够符合这些条件的

就是最适合你的选择。当然，一所大学也不可能满足我们的所有条件，因此还得看这些条件在每个人心中的重要程度，综合考虑后做出最好的选择。

一些建议：

- 通过各大学官网查询该校开设的院系和课程，将自己感兴趣的专业和其他的因素纳入考量，再择优申请。
- 中国政府、孔子学院总部、地方政府、各大高校都提供奖学金，这可以解决许多优秀学生的经济问题。
- 爱自己所选，选自己所爱。
- 如果有正在中国留学的朋友，可以向他们了解求学经历，多征求他们的意见。

姓　　名： 沈薇利
国　　籍： 马来西亚
就读院校： 北京语言大学
在华时间： 11 年
居住城市： 北京

可以申请中国的奖学金吗？

目前，中国实行全面开放政策，这为想了解中国和中国文化的外国人提供了很多机遇。中国欢迎世界各地的学生前来留学，并提供了多种层次、类型的奖学金。

中国提供的奖学金主要有中国政府奖学金、省市属高校奖学金、孔子学院奖学金等。奖学金涵盖了所有层面，包括学士、硕士和博士学位项目奖学金，以及语言和文化专项奖学金等。奖学金分为全额奖学金和部分奖学金。政府类奖学金需要申请人向中华人民共和国驻该国大使馆申请，孔子学院奖学金需要申请人通过当地孔子学院申请。除此之外，一些国家还提供去有合作关系的中国学术机构交换学习的机会。

的确，有些人怀疑中国是否真会慷慨地提供奖学金。之所以存有这种疑虑，主要是因为他们不了解情况。那么，必须满足哪些条件才能申请奖学金呢？下面以中国政府奖学金为例谈一下申请条件和程序。首先，申请人不能是中国国籍（父母和本人都不是在中国出生的），身体健康（为公共健康和安全考虑），并符合所选学位课程的年龄要求。除此之外，语言能力还要符合要求，即具备基本的汉语或英语能力，其能力由汉语水平考试、托福考试或雅思考试鉴定。满足这些基本条件，就可以按照网站 http://www.campuschina.org 的提示进行注册，并提交相关申请信息和背景材料，然后静候佳音。如果在规定的时间内通过了审核，那么你就获得了去中国留学的机会，这样就可以申请学习签证了。

一旦有了奖学金，你就拥有了很好的经济条件，不用为学费发愁了，可以开始让人期待的中国学习之旅，去实现自己的梦想了。在中国，你将学到丰富的知识，并在一个安全的环境中去体验另外一种文化和文明。

要记住以下提示：

- 如果想申请中国政府奖学金，可以在 CSC 奖学金网站（http://www.campuschina.org）在线申请。
- 如果想申请孔子学院奖学金，可以到 CIS 网站（http://cis.chinese.cn）在线提交申请表，然后等待最终结果或面试通知。
- 还可以申请省市属高校提供的奖学金（https://school.cucas.cn）。
- 申请奖学金时，务必正确填写申请人的所有信息。任何不清楚的地方都最好向相关人员咨询，否则，如果有任何严重的错误，申请就可能会被拒绝。
- 一定要做好相关的研究工作，并提前做好申请准备，一般会需要提供很多文件。
- 只要遵守中国的法律以及所在大学的规章制度和学习要求，中国就会敞开大门热情欢迎你的到来。

姓　　名： 奥尼
国　　籍： 贝宁
就读院校： 北京语言大学
在华时间： 8 个月
居住城市： 北京

来中国学习可以申请奖学金吗？

中国常见的奖学金有中国政府奖学金、孔子学院奖学金、优秀生奖学金、HSK 优胜者奖学金，另外许多城市和大学也提供各类奖学金申请项目。在这些奖学金中，有全额奖学金（免学费、免住宿费、定期发放生活费并提供医疗保险），也有部分奖学金（为全额奖学金的一项或几项内容）。

中国政府奖学金可通过国别双边项目、中国高校自主招生项目、长城奖学金项目、中国–欧盟学生交流项目、中国–AUN 奖学金项目等申请。具体可参考 http://www.campuschina.org/content/details3_74776.html。值得注意的是，中国国家留学基金委不受理学生个人的直接申请，学生需通过以上项目的负责单位申请。

若想通过高校自主招生项目申请中国政府奖学金，则需通过已报考学校的口头（之后补上书面录取通知书）或书面录取通知，向校方索取中国政府奖学金受理机构编号，再登录“中国政府奖学金来华留学管理信息系统”（http://www.campuschina.org），点击“网上报名学生入口”的图标进行申请，在线提交并打印《中国政府奖学金申请表》，并在规定时间内将申请表提交至申请高校。

如果申请孔子学院奖学金（CIS），可通过查询奖学金项目合作的学校和专业（http://cis.chinese.cn/Account/AcceptShool），核实自己想选的学校和专业后，通过官网（http://cis.chinese.cn/account/login）进行注册，按照要求提交资料，之后耐心等待面试通知和最终结果。

以上两项奖学金金额最高，名额最多，发放名额按照各国的配额进行分配。其主要要求是汉语水平必须达到录取院校的入学要求，并附有汉语水平考试（HSK）成绩报告复印件。语言能力和基础知识水平优秀者，可申请免修预科教育。至于各大学或城市所提供的奖学金，则可以向各校的留学生办事处咨询和申请。

一些建议：

- 查询各校官网，找到适合自己的院系，然后查询中国政府奖学金和孔子学院奖学金是否提供奖学金名额，之后再严格按照流程申请。
- 可同时申请多项奖学金，若均申请成功，则默认为被奖学金金额最高的项目录取，其余项目则视为自动放弃。
- 中国国家留学基金委不接受个人申请，学生必须通过所在国负责机构申请。
- 获得中国政府奖学金的学生每个月都得到各校的奖学金办事处签到才可以领取当月的奖学金。

姓　　名：沈薇利
国　　籍：马来西亚
就读院校：北京语言大学
在华时间：11 年
居住城市：北京

中国大学的**学制**有什么不一样？

中国的大学大多设有预科、本科、硕士和博士学位课程。语言类专业还会开设预科班或语言进修班，这是学生上本科前的基础教育课程，其目的是提高外国学生的语言水平以达到接受中国教育对语言的要求，通常为期一年。

中国大学本科学制一般是 4 年，有些专业，如医学或建筑学为 5 年，因为这些专业对实践训练有额外的要求。硕士研究生的学习年限是 2—3 年，博士研究生的学习年限则为 3—4 年（按照各校的要求）。

一学年分两个学期：春季学期，一般 2 月或 3 月开学；秋季学期，一般 9 月开学。通常第一学期入学时间为秋季，但你也可以申请春季入学（取决于哪个学期适合你，以及你何时能够完成申请）。每一所学校都会发布校历，其中规定了整个学期的起止时间、开学注册时间以及假期安排等。

大部分大学开放申请的时间为 10 月至 11 月，申请截止日期通常为

12 月末或次年 1 月末，但各校有所不同，建议多关注高校的官方网站，以免错过报名时间。

除了通过官方网站报名，还可以关注本国是否有中国高校教育展。中国许多大学和本国的一些教育机构一直都会合作举办讲座和招生活动，我就是通过马来西亚的马中校友会获得到清华大学学习的机会的。入学申请通过后，就可以申请奖学金资助了。

一些建议：

- 申请基本材料包括申请表、最后学历证明及成绩单、推荐信、学习计划等，但具体的申请材料还得按照所申请学校的要求准备和提交。
- 如果喜欢自由式教育，建议先学习如何规范自己和培养自律精神，因为为了确保学生可以掌握知识点及提升学习能力，中国教师的管理一般比较严格。
- 中国大学实行学分制，包含必修课、选修课、体育课，而部分课程若达到水平，则可申请免修（直接获得学分），或要求跳级。
- 能否跳级取决于各校不同专业的课程设置，并非所有大学或专业都可以申请跳级。
- 外国人申请入学的门槛比中国学生低，入学相对容易，但是毕业就比较难了。

姓　　名：沈薇利
国　　籍：马来西亚
就读院校：北京语言大学
在华时间：11 年
居住城市：北京

在哪儿能学到标准的普通话？

要想学到标准的普通话，只有一个地方，那就是学校。过去三年里，北京和南京我都住过，还到过二十多个城市，遍布中国各地。现在，我可以很肯定地说，恰恰是由于在学校学了普通话，所以到各地基本不存在语言沟通障碍。

关于普通话学习要打破两个误区。一是人们都说北京的普通话很标准，但事实并非如此。北京的普通话听起来还行，主要是指发音不错，不是指语言使用的准确程度。二是大家想当然地认为自己在学校学到了比较标准的普通话，但是离开了课堂，你会发现身边听到的汉语口语和自己在课堂所学的有一定出入。课堂上所学的是正式的普通话，但是生活中的普通话受各种方言和俚语的影响很大。虽然你的语法和发音不成问题，但是你会发现，要想在日常生活中交流自如还是有点儿难度的。

我还记得第一次去上海的情景。上海人讲的汉语和学校所学大相径庭，发音的差别就更大了。有一次我在超市买相机电池。我用学校里学的标准的汉语发音和语法问售货员电池在哪儿，我说的是“diànchí”，结果售货员听不懂我说什么。给售货员看了照片之后，她才明白我要买什么。售货员点点头，告诉我，是“diǎnzī”（听起来就是这个感觉）。所以，同样一个词，不同的地域发音各异。同时，我还注意到，中国人讲话时所使用的语法也和课堂上学的不一样，汉语语法形式多样，而且还会因方言不同而有所差别。

语言是表达思想的一种方式，无疑会受到文化的影响。文化又会受到地域、生活习惯，甚至气候的影响。中国这么大，怎么可能只有一种方言呢？学习汉语的过程中总会有新的惊喜，所以要乐于学习，勇于探索。学完标准的普通话，再学点儿方言俚语，你的汉语表达就会更加丰富、生动、地道。

学习汉语时，要记住以下几点：

- 学习汉语时最重要的是要和别人说话。我刚开始学汉语的时候，经常去商场找售货员聊天儿。
- 找一个语伴儿陪你一起学，这样你的汉语进步会更快。
- 学习汉语需要持之以恒，并且要肯投入时间和精力。
- 也要同时学习中国文化，这样会帮助你提高汉语理解能力。
- 学会了普通话，与人沟通没有问题，但这也只是汉语学习的开始。
- 不要把汉语学习局限在课堂上，因为课堂上学的语言往往比较正式，有些内容也已经过时了。

姓　　名：大海
国　　籍：罗马尼亚
就读院校：南京师范大学
在华时间：3 年
居住城市：北京、南京

学普通话该去哪里？

普通话

普通话以北京语音为标准音。只要听一听北京话，就很容易发现二者何其相近。所以，学习普通话的最佳地点非北京莫属。

当然，在有些地方，普通话作为国家通用语言的推广还不够。许多小村庄就存在这样的问题，普通话还没有推广开来，老师们还是经常用当地方言教学。学生进城读中学或大学的时候，才不得不用普通话与同学交流。但由于他们的普通话不够标准，因此和别人交流时很费劲。

在中国各地转一转，你会发现各地普通话受方言影响很大。例如，我的一些去过香港的朋友说，在香港购物时，和商家用普通话交流起来比较困难，因为他们的口音很重。许多福建人讲的是闽南话和客家话，还有许多别的复杂的方言。曾经到福建旅游过的朋友都说，许多福建人讲话时“h”和“f”分不清。在广东，许多人讲粤语，还有一些人讲潮州话，对于北方人来说，都很难听懂。像说闽南话、客家话、粤语等方言的人，他们说的普通话明显带有本地的方言色彩，理解起来并不容易，所以要想学标准普通话，要慎重选择城市。

当然，在非洲、欧洲、美洲或中国之外的亚洲其他国家也可以学习普通话，比如大家可以到当地的孔子学院学习。我小时候在自己的国家既讲官方语言又说本地方言，所以来到中国后，看到中国有不同的地域方言，并没有感到奇怪。读高中的时候，我就既能使用官方语言也能使用本地方言与老师和同学们流利地交谈。上了大学后我开始在孔子学院学习汉语。孔子学院的老师普通话讲得都很好。所以说，不用担心，即使不在中国，也能学会一些基本的普通话。

一些建议：

- 有些方言可能与普通话差别很大，即使你说普通话，也不是每个人都能听得懂。旅游时，要注意了解当地的方言和文化。
- 在任何地方都可以学习普通话，注意一下周围的语言环境就行，别让方言干扰你的学习。
- 普通话以北京语音为标准音，以北方话为基础方言，所以学习普通话首推北京或中国北方其他地区。
- 如果你在中国北方学习普通话，去任何一所大学都不用担心，当地的方言不大会影响你的学习。但是，如果你在南方学习普通话，就要注意方言问题了，因为当地的方言很可能会影响到你学习普通话的进程。
- 如果你没在中国，可以到当地孔子学院学习普通话。孔子学院的教师训练有素，教学方法娴熟，而且普通话都很标准。

姓　　名： 奥尼
国　　籍： 贝宁
就读院校： 北京语言大学
在华时间： 8个月
居住城市： 北京

中国的校园生活怎么样？

我在中国生活了四年，觉得校园生活很棒、很快乐！中国很多高校对留学生都非常照顾。如果在生活上有什么困难，你可以跟老师说，他们都会帮助你。去中国留学前，很多人最担心的就是那边的校园环境对我们的生活或学习会有什么样的影响，比如吃得怎么样、宿舍环境怎么样、交通方不方便等。

中国高校都有校园，一般都很大、很美，校园里服务设施也很齐全。学校里一般都有体育场馆，如足球场、篮球场、羽毛球场等，还有健身房和游泳池，所以爱运动的人完全不必担心。如果想寄东西，你可以去校园的邮局、快递中心。此外，还有小型商店、水果店、洗衣店等。毫不夸张地说，不出校园也可以生活得很舒服。

下面是有关校园生活的一些建议：

吃。

中国高校的食堂一般很大，每一层都有很多种类的菜供你选择。消费时一般都是刷学生卡，或者用微信支付。很多学校都有清真食堂。除了中餐，校园里也会有一些特色餐馆，如西餐、日餐、韩餐、东南亚餐。学校附近也会有各种餐厅和小吃街，所以真的很方便。

住。

学校宿舍有单人间、双人间，也有四人间。单人间的价格最贵，因此很多留学生都选择双人间。房间里提供书桌、电视、冰箱、衣柜等。宿舍楼每一层都有厨房和公共洗衣机，很方便。宿舍的厕所，有的是公共的，有的是独立的。公共厕所不太讲究，但每天上午和下午有保洁员去清扫。厕所大部分是蹲坑，外国人不太习惯。当然，有些宿舍楼也提供独立的卫生间，一般是坐便器。一般情况下，宿舍离教学楼都很近，五分钟内都可以走到，比住在校外方便多了。宿舍环境相当舒适，有利于学习。

行。

学校附近一般都会有公共汽车站，有的校门口就有地铁站。现在也有很多学生选择使用共享单车，扫一下车上的二维码就可以骑走。还有，如果你懒得走路的话，也可以选择买电动车。电动车建议买二手的，价格比较便宜，但一定要检查质量，确保没有问题。还有，骑电动车的时候一定要注意安全。

学。

在中国学习，最重要的就是你需要时间来慢慢适应。中国的教育跟很多国家不太一样，尊重老师是必须的，此外作业也会很多。当然，如果你上过西方的大学，就会发现这种作业量其实也没什么大不了的。你可以在校园里找中国朋友当语伴，互相学习对方的语言。如果在宿舍没法静心学习，还可以去图书馆，那里非常适合学习，很多人都在那里安静地自习。校园里的咖啡馆也是学习的好去处。学习之余你还可以去运动，和中国学生打打篮球，顺便练练汉语口语。总之，中国学习的机会很多，环境很好，就等你来了。

姓　　名：张德贵
国　　籍：印尼
就读院校：北京语言大学
在华时间：4年
居住城市：北京

在中国学习真的那么好吗？

在中国学习真的那么好吗？如果你来中国是为了学习，并且想挑战一下自己，那么选择在中国学习真的很好。

我为什么这么说呢？近年来，随着经济的快速增长，中国需要大量受过高等教育并且有专业之长的人才。中国虽然还是发展中国家，但是教育体系很完善。因此，无论是针对本国学生还是来华留学生，中国政府都有严格的教育标准。不管是本国学生还是来华留学生，每门课程、每科考试以及毕业的要求都是一样的。这当然也成为留学生在攻读用汉语授课的学位课程时遇到的主要困难之一。对大多数外国学生来说，汉语并非母语，所以首先要过语言关。这一过程并不容易，需要对在语言上可能遇到的困难做好充分的思想准备。在所选的专业领域，必须达到课程的所有标准。在这样的学习环境中，头三个月的学习可能会压力山大。但是，逐渐适应中国文化和学习环境后，这种压力感会慢慢纾解。这就是为什么我说中国是个理想的学习之地的原因。在中国学习，你必须要有克服万难的坚强意志。

中国真的是一个学习和获得新知识的理想之地。信息技术的飞速发展，给学习带来了越来越多的便利条件。你可能会觉得不可思议，但这就是现实情况。几乎所有在中国的留学生都会使用即时聊天儿应用程序进行远程学习和培训。中国已经将先进技术融入教育体制，在这样一个国家学习会比较轻松和方便。为了帮助外国学生提高汉语交流能力，中国的教育机构也经常提供免费的或质优价廉的附加课程，帮助你轻松快速地掌握所学课程内容。此外，学校的国际学院往往设有留学生协会，组织留学生中的老生帮助新生减轻学习压力，提高语言技能。在此过程中，你会发现很多问题要远比想象的简单。

如果想提高自己适应新环境新文化的能力，来中国学习无疑是不错的选择。我已经在中国学习了三年，一开始很不容易，但是过了大约一个月以后，情况就好多了。我有了一种体会，那就是中国的教育体制在不断推动人们“创新”。我非常喜欢这样的学习环境，因为它能让我更加独立地思考。随着中国的快速发展，不妨想想，为什么中国经济能够实现如此惊人的增长？中国将采取什么措施来保持经济增长？来到中国后，你就会找到这些问题的答案了。

根据我在中国学习的经验，提出如下建议供大家参考：

- 如果想在中国学习，就要制订明确的目标。无论是短期学习还是学位课程的学习，都应该有明确的目标。
- 到中国后要找前辈校友。校友会给你一些非常有用的建议，让你能够尽快适应新环境。
- 经常向老师请教。与老师分享你感兴趣的话题，并就遇到的困难向老师求教。
- 经常参加一些感兴趣的活动，这样有助于缓解压力。
- 要遵守学校的规章制度和中国的法律法规。

姓　　名： 刘佩丝
国　　籍： 越南
就读院校： 武汉大学
在华时间： 3 年
居住城市： 武汉

学汉语遇到的常见问题是什么？

对大多数学习者而言，掌握汉语并不是一件轻松的事：从声调到发音，从语法到词汇，总有某个方面会让学习者晕头转向，这对每个人的耐性是一种考验。由于每天都要和来自不同国家的同学一起上课，我对留学生难以掌握的汉语难点比较熟悉，并总结出了克服这些难点的有效办法。

首先，最常见也最突出的问题就是声调，即使是母语中有声调的同学也不例外。因为汉语里的声调与其他语言的声调不同，所以很多学生很难适应。客观地讲，汉语的声调真的不好掌握，有的汉字不仅有多个发音，还有多个声调。而读音不一样，意思就会不一样。有的声调非常复杂，它会以完全意想不到的方式发生变化。还有的汉字会因为跟在某些字后面而失去原有的声调变成轻声。对汉语的这一特点，学习者很容易感到困惑，但通过努力也是完全可以掌握汉语声调的。

其次，许多学生面临着词汇量不够的问题。以本人为例，尽管我在中国已经快两年了，但有时候我还是无法准确表达自己的想法。我想说的话都在脑海里盘旋着，但就是怎么也说不出来。很明显，每个留学生都会遇到这样的问题。嘘寒问暖和日常交流，大多数学生都没有困难，然而一旦谈话的内容复杂起来，就容易出现冷场。词汇量不够的问题会成为学习进步的障碍，所以学习者必须要努力扩大词汇量。

最后一个难点最微妙，却最值得重视，那就是思维模式。虽然这无法直接观察，但很多留学生都不能形成“中式”的思维和语言表达习惯。因为用母语思考更加容易，很多学习者习惯于先用母语思考，然后在大脑中翻译成汉语再说出来。这么做很容易造成语法错误或发音不准，有时还会造成沟通不畅。因此，在脑子里设定“汉语模式”是必不可少的，甚至是最关键的步骤。没有思维模式作为基础，语言进步就会变得非常缓慢。

以下是克服上述困难的办法：

- 作为汉语学习者，你对 Pleco 一定很熟悉。Pleco 使用四种颜色来标识汉字的声调：红色为一声，绿色为二声，蓝色为三声，紫色为四声。强烈建议利用这个软件来提高声调学习效率。
- 多读，多听，多看！不管是电影、电视剧还是图书、报纸、杂志、贴吧、歌曲，都对你的学习有非常大的帮助。
- 学会用汉语思考。练习使用已经掌握的词语，遇到不认识的词语时把它查明白，尝试用完整的句子思考。
- 现在就开始和自己进行对话吧，这能提高你对声调的敏感度，并有利于"汉语思维"的建立。自言自语会让人觉得奇怪？但是管它呢！
- 建立一个良好的学习环境，与周围的中国人交朋友，这可以让你讲一口地道的汉语。
- 最重要的是，不要发愁，不要放弃！学习语言是一个漫长又艰难的过程，学习之路崎岖坎坷，有时能信手拈来，有时则不得不勤学苦练。

姓　　名：雷皓瀚
国　　籍：美国
就读院校：北京语言大学
在华时间：2 年
居住城市：北京

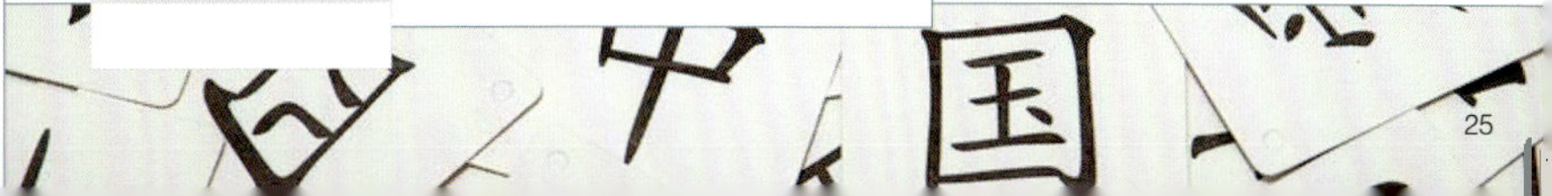

我是怎样学习汉语的？

有欢笑，也有眼泪——学习汉语便是这样一个过程。学习汉语，一方面让你对语言与文化的张力感到欣喜与好奇，另一方面也会让你倍感疲惫和绝望，因为刚刚学完的汉字往往转身就忘记了，你甚至怀疑自己还有没有必要学习新的汉字。

尽管学习汉语的过程听起来像是一场噩梦，但是事实上情况也没有那么糟糕。对于初学者而言，学习汉语确实会遇到一些困难，比如：汉字结构复杂，不好写；汉字发音复杂，不好读；汉字的音、形、义之间关系密切，不好懂。汉语不同于印欧语系语言，没有任何屈折变化。汉语没有动词变位，也没有名词词尾的单复数变化。汉语的语法注重句子结构、语序、虚词等的使用，是有规律的，这些规律必须遵守。汉语主要靠词语、句子结构来表达时态或单复数变化。就此而言，其实汉语语法学习反倒简单多了。

我已经学了五年汉语了。切身的体会是，如果不勤加练习，很容易就忘记：先是忘了汉字怎么写，之后拼音或意思也记不住了，最后连怎么说也都忘了。身边有些人汉语说得很流利，但不会阅读或不会书写。因此，学习汉语时，听说、阅读、书写三者要兼顾，不可偏废。

学习汉语，除了语言环境之外，最重要的还是多练多学。我本人学习生字的方法听起来可能有点儿吓人，有点儿枯燥。比如：一个汉字通常要写数十遍；写的同时，还要把汉字读出来；生字都写完以后，再自己听写一遍；听写时，对照意思，写汉字和拼音，同时还要读出来；最后，再用这些生字或生词造句，也可以看词典或书里边的相关例子，琢磨其在句子中的用法。

总而言之，学习汉语时我们要投入大量时间，不断接触，反复练习，

不断巩固，否则很快就会忘记，而忘记汉语这样一门奇妙的语言着实可惜。

学习汉语的一些建议：

- 在学习汉语生词时，要注意三个方面：书写、拼音和词义。三者必须有机结合，不可偏废。
- 学习生词时要时不时地听写。看着词义将汉字写出来，同时读出来。
- 参考教材、字典或网络资源的内容，仔细研读所学词语的用法示例。
- 先听录音，看着文本跟读；然后不借助录音，自己朗读。
- 观看带中文字幕的中文电影，不仅能练习听力，还能提高阅读速度。读读中文文学作品，再看看其他不同类型的文本。
- 走在大街上的时候，别不敢说汉语。中国人都很乐意帮助外国人，也愿意和外国人交流。

姓　　名： 安娜
国　　籍： 罗马尼亚
就读院校： 南京师范大学
在华时间： 5 年
居住城市： 南京

汉语水平考试六级能评估你的汉语水平吗？

“你的汉语一定很棒！”每当我告诉别人我在中国已经生活六年了，别人往往都会这么说，好像只要你生活在某个语言环境中，就会有一种魔力让你自动掌握那门语言一样。在语言学习的过程中我们常常会问自己：“我什么时候能够说一口流利的汉语？”但是这个问题很难回答，因为归根结底，这取决于你的努力。

这六年来我的汉语水平确实提高了不少。在大学跟中国同学一起学习翻译课程，这对我汉语水平的提高无疑起了很大作用。然而，我认识的一些在中国生活了十年的外国人，除了常用的“你好”“多少钱”“谢谢”以外，其他话一点儿也不会说。其实，你能否说出一口流利的汉语取决于你是否经常使用汉语，也取决于你是否认真学习过汉语的声调、汉字、词汇、语法以及俗语。

别人经常问我：“你通过 HSK 六级考试了吗？”HSK 六级这个词令所有学汉语的外国人“毛骨悚然”。这个可怕的考试让我们全身发抖，因为它的确是一个很难的考试。虽然这个考试能帮助我们评估自己的汉语水平，但是在通过 HSK 六级之后仍有许多应该学习的知识。记得刚到北语的时候，我非常佩服一个留学生，他的汉语非常棒。一天，他来给我们这些即将成为中国大学本科生的留学生讲述他在北京的学习经历。当开始提问时，有一个同学问了他有关 HSK 的问题。他的回答简短明确，却让我们一头雾水。他大概是这么说的：

“通过 HSK 六级的时候我非常开心，以为我的汉语水平终于达到了顶峰。可是读本科后我才发现，原来 HSK 六级只是学习汉语的开始。”

听到这句话时我觉得特别无奈，感觉作为一个母语与汉语没有任何关系的外国人，要想克服汉语这门语言的种种困难几乎是不可能的。但是今天，在中国生活了六年以后，在学习了十年汉语以后，虽然我对自己的语言水平还是有点儿不自信，但我可以告诉你们，说出一口流利的汉语是完全可以做到的。我不骗你们，汉语确实是一门很难的语言，但这门语言的魅力和它所承载的历史，绝对值得你所有的付出。

我认识一些留学生，他们能在很短的时间里说出一口流利的汉语，因此我们可以得出两个结论：第一，能否学好一门语言取决于你肯在这门语言的学习上花多少精力；第二，汉语是一门难学的语言，但是学好汉语并非一件无法做到的事情。

有时候你很可能会想放弃，但不要忘记，坚持不懈才会让你实现自己的梦想。你只要一步一步地去学习就可以，把 HSK 六个不同等级的考试一个一个地考过，只要不放弃，你就会发现你的汉语水平在不断提高。在通过所有的等级考试之后，你还要同样继续努力，因为通过 HSK 五级以后在会话上确实不会碰到太多的问题了，但是就像世界上的任何其他语言一样，包括我们自己的母语，总会有之前没有学过的新东西。

请记住这几条建议：

- 永不放弃，哪怕你觉得非常难，也绝对不要放弃！
- 学汉语不要急于求成，一步一步来最好。持之以恒比速度更重要。如果某天你觉得自己进步特别慢，不要伤心，只要坚持下去，你就一定会达到理想的水平。
- 要尽量使用汉语，天天练习比一周背两次单词更有效。结识中国人，去超市买东西，看中国电影，听中文歌，去 KTV 唱中文歌……学会享受这门语言！
- 最重要的是，你要记住，在你之前已经有很多人做到了，有很多外国人已经能够说出一口流利的汉语。别人能做到，你当然也可以！

姓　　名：白贤俊
国　　籍：墨西哥
就读院校：北京语言大学
在华时间：6 年
居住城市：北京

学习多长时间以后才能说出一口流利的汉语？

我们外国人来中国的主要原因之一就是想学好汉语。要学多久才能说出一口流利的汉语呢？这也许是我们经常会问自己的一个问题。身在中国自然就能学会汉语，这个说法听上去似乎有点儿道理，但是你要记住，语言不单是靠耳濡目染就能学好的。

生活在比较小的城市可能有利于你学汉语，因为那里的外国人比其他大城市少，这样你说母语或英语的机会就比较少。你或许要问，那我生活在上海或者北京怎么办呢？在这些城市学习、工作的外国人特别多，你经常可以碰到会说你母语的人。

解决方法很简单：躲起来，不要和他们见面！

我当然是在开玩笑。但无论怎样，我强烈建议，不要只和自己国家的人在一起。来中国学习与工作是一个能够丰富我们阅历的机会，你不光要学说一门新的语言，而且还要了解一种不一样的世界观。你应该接触过很多外国人，同样也要去认识更多的中国人。在日常生活中，使用汉语交流会让你觉得说起汉语来越来越自然，这样坚持说几个月之后，你会发现，自己不用再去思考该如何用汉语表达想说的意思了。毫无疑问，交中国朋友是学习和练习汉语最好、最有效的方法。

无论是听中文歌、看中文电视、读中文报，还是接触任何一种让你感兴趣的中国文化或科技内容，都会对你汉语水平的提高有很大帮助。但是记住一点：最重要的是，要在日常生活中使用汉语！别光盯着课堂上学的东西，虽然这些东西也能帮助你学习语言，但是日常生活中的语言才更容易记在脑子里。

我来中国的第二年认识了一个荷兰朋友，他之前没学过汉语，一个字都没有学过。但是，通过努力学习以及经常跟中国人交流，几个月以后他就完全可以用汉语把自己的想法表达出来了。当然他有时也会犯错，但是通过坚持不懈的学习，他达到了自己的目标，那就是能够用汉语有效地沟通。

如果你想学好汉语，我可以给你一些有用的建议：

- 每天都要在课堂或工作之外用汉语交流。
- 看看有没有你感兴趣并能用汉语完成的事情，比如做运动、看电视节目、读历史书等等，什么都行！
- 尝试不同的社交方式，接触不同的人，包括中国人和外国人，并跟他们用汉语交流。
- 享受学习的过程。要走的路很长，但你要相信结果值得期待！

姓　　名：白俊贤
国　　籍：墨西哥
就读院校：北京语言大学
在华时间：6 年
居住城市：北京

如何学习汉语的声调？

汉语是一种声调语言。声调不仅可以区别不同字词的读音，还可以区别字义、词义。许多学生学习一段时间汉语就中途放弃了，多是由于汉语声调太复杂，不好学。可是想想中国有近 14 亿人在都在讲汉语，另外越来越多的留学生汉语也都讲得很地道，这是不是说明汉语的声调也不是那么难学？

学好声调是学习普通话的一个主要挑战。如果声调把握不准，汉语母语者就听不懂你在说什么。此外，每一个学习汉语的人都知道，要想让自己的汉语说得纯正，声调非常重要。其实，掌握声调并不像想象的那么困难。如果方法得当，汉语的声调学起来也很容易。

学习汉语，应该从单个声调开始练习，一个接一个弄清楚。如果学过语音学相关知识，你就会知道，汉语有四种声调：阴平、阳平、上声

和去声，即第一声、第二声、第三声和第四声。有时汉字读得很轻，没有声调，就是我们常说的轻声。对汉语语音有了大致的了解之后，就可以开始学一些非常简单的汉语句子了。先认真模仿汉语母语者的发音，听上几十遍，再闭上眼睛重复、琢磨。用不了多久，你的发音就能大大进步了。

最好的学习方法是有一个学习汉语声调的环境。以下是一些学习汉语声调的技巧：

- 他人的反馈意见很重要。学习汉语声调时，需要确保能够充分获得别人的反馈意见。你可以请教汉语老师或其他中国人，让他们给你反馈意见。告诉他们可以直言不讳，直接指出错误。
- 模仿汉语母语者讲话。注意词语声调的把握，认真模仿他们的讲话方式。你可以模仿老师，也可以模仿录音。
- 把自己讲的汉语录下来。如果觉得自己的声音听起来怪异，说明录音练习不够。专注于模仿声调时，语速可放缓，吐字要清晰。每天都要练习，即使是在购物的时候，也不要放弃练习。
- 随身携带一本词典（下载一个手机词典可能更方便），这样就可以随时查找不确定的或是感到好奇的字词的声调了。
- 和汉语母语者交流时，别怕犯错。错误往往可以帮助你学习、记忆某些汉字的正确声调。
- 中文动画片也可以帮助你提高在具体语境中使用声调的水平。
- 找语伴儿很有帮助，他们可以及时帮你纠正音调，还可以给你做示范。但如果没有语伴儿，也可以通过收听收看中文广播或电视节目练习。

姓　　名：奥尼
国　　籍：贝宁
就读院校：北京语言大学
在华时间：8个月
居住城市：北京

汉语的四声有那么可怕吗？

ā

在我看来，汉语的阴平、阳平、上声、去声四种声调非常不好学，学起来简直是一场噩梦。汉语四声确实让人头疼，就像一个四头怪物困扰着刚开始学习汉语的学生。但无论怎样，学好四声是学习汉语最基本的要求。实际上，也不应该太怕这个四头怪物。假以时日，不断地练习发音，这个四头怪物就会慢慢消失。那么，如何做到这一点呢？

最重要的一点是，你应该熟悉汉语的音乐性，培养语感。这可以通过看电影、电视剧，甚至听汉语水平考试的录音和其他材料来训练。我建议，可以交替使用这些材料练习。首先应该使用录音：第一遍不看文字材料听录音；第二遍看着文字材料听录音，然后模仿录音，大声朗读；最后一遍是自己大声朗读。这种练习不仅能提高听力和理解能力，还有助于提高阅读和口语能力。记住，大声朗读很重要，听完录音后也要听听自己的发音。

认真学习是关键。汉语中，有些词发音相同，但声调不同。如果不认真学习，有时很难理解别人在说什么。待在中国期间，有一次，我和几个朋友去购物。我们在一个手工珠宝摊前停了下来，卖货的是一对中年夫妇。他们非常友好，微笑着欢迎我们，并对我们说了句“哈喽”（打招呼语，表示“你好”）。我朋友相中了一个非常漂亮的手镯，但当她说汉语时，那对夫妇突然大笑起来。原来她把“我能**问**你一下吗？”说成了“我能**吻**你一下吗？”。这两个动词的拼音都是“wen”，但“问”是四声，而“吻”是三声。因此，不仅要注意每个汉字的声调和发音，还要注意使用情景和具体用法。

总的来说，汉语是一种伟大的语言，学习起来很有趣；有些汉字发音相同，只在声调上有区别，甚至声调也相同，所以学习时可能会闹出很多笑话，这也让学习很有意思，也是一种享受。

提高发音水平的一些建议：

- 汉语水平考试的听力练习是很好的材料，因为声调清晰，语速舒缓，考试内容包括日常情景和词汇。
- 听录音和跟读练习有助于记忆词汇和语法结构。你会发现，有时能很容易地记住汉字，并用汉语自由表达。所以尽管大胆地和朋友以及其他中国人开口交流吧。
- 看电影不仅能学到语音语调，还能了解文化；但是要确保电影里说的是普通话，因为有的中国电影里有很多不同的方言。
- 听歌不是练习语音语调的好办法，尤其是说唱，因为声调不太清楚。
- 看完电影后，试着重复和记住一些你经常听到的句子，因为它们在口语中也很常用。

姓　　名：安娜
国　　籍：罗马尼亚
就读院校：南京师范大学
在华时间：5 年
居住城市：南京

在哪里可以学中国功夫？

在西方广为人知的“功夫”在中国指的就是武术。武术是中国具有代表性的传统文化之一，随着李小龙、成龙、李连杰、吴京等功夫明星在世界级影片中打下“金字招牌”后，武术也越来越受到外国人的喜爱，但凡有什么大型的国际文化交流活动，一般也都少不了武术表演。

据说，中国近代武术的摇篮就在北京。北京作为明清两个朝代的首都，贸易、金钱等往来都很频繁，需要镖局承担运输时的安全保卫工作。而能在北京开办镖局和应征走镖工作的人无一不是武术高手，于是北京汇聚了当时全国最好的武术家。如今在北京，我们能看到专门的武术学校，比如北京什刹海体校，学校里有很多武术老师，我们熟悉的动作影视明星李连杰、吴京就毕业于这里。因此，如果你想学习中国功夫，北京是首选之地！

中国的少林寺和武当山都拥有悠久的历史，不仅是宗教圣地，更是习武圣地。仅就少林寺而言，它是建于1500多年前的佛家寺庙，在世界享有盛誉。在少林寺中，僧人毕其一生参禅悟道，追求佛法的最高境界。除此之外，很多僧人也要研习武术，训练异常辛苦。少林寺和武当山附近也有专门的武术学校，大家可以根据自己的喜好选择武术学校，学习拳术或器械等不同类型的武术。

武术，不仅是一门搏击技艺，更是中华传统文化的精髓。习武固然能强身健体，但更为重要的是，通过习武能让我们体会中华传统精神中的谦逊与包容。练习武术还能磨炼一个人的耐心与毅力，要知道功夫讲究的正是时间与火候。

温馨提示：

- 如果想要学到真本事，选择一位好的老师比选择一个武术门类更为重要！
- 熟能生巧。刚开始学习时会觉得很难，但只要持之以恒就没有克服不了的困难。
- 由于教授武术已经发展成了一项商业化活动，因此在旅游景点要特别小心，特别是少林寺和武当山也有骗子，一定要找正规的学校和可以信赖的老师。
- 要想理解和掌握一门功夫，交流十分重要，因此必须要多与老师交流，确保自己真正理解所学的东西。你也可以吸收其他武学之长，切勿故步自封。只有多见识，你才能学到真本事！

姓　　名：颜毅晟
国　　籍：马来西亚
就读院校：清华大学
在华时间：9 年
居住城市：北京

我为什么会喜欢上太极拳？

2008 年，我第一次来到中国，也是第一次看到太极拳。每次我到公园散步，都能看到一些老年人在练太极拳，油然而生出一种平和宁静的感觉。我想，如果我也能学会这种运动，一定可以放松身心。当时我跟一个中国老师学了一点儿太极拳，但因为那时汉语不太好，所以尽管学到了一些动作，但是我并没有真正明白太极拳的内涵。

回到智利后我在一个太极拳班报了名。在智利，虽然太极拳没有在中国那样流行，但是越来越多的学校开始教太极拳了。那个时候我的梦想就是再回到中国，去公园跟那些老人家一起练太极拳。在太极拳学习班上，我开始了解到太极拳不仅是一种单纯的运动，它还是一门艺术，有着很丰富的文化内涵，练太极拳远远超出了单纯的修身，其更高境界是养性。

太极拳可以预防疾病，因为它能提高免疫力，通过调整呼吸缓解心理失衡造成的各种压力，适应现代社会快节奏的生活。我的老师告诉我，太极拳有利于协调神经系统、呼吸系统、消化系统、循环系统等人体机能，还能使骨骼更健康，关节变得更加灵活，同时调节肌肉和韧带，使它们变得更有弹性。我发现太极拳非常有用，也明白了中国人的健康观念，他们在没病的时候就采取一些措施来预防疾病，关注身体健康，而不是在得病之后才想到去治疗。

太极拳是中国宝贵的非物质文化遗产。它不仅是一项重要的休闲活动，还体现了中华文化的博大精深，是中国人生活的一部分。我现在每天睡前都要练太极拳，它已经成为我生活中不可缺少的一部分了。

如果你想了解太极拳，也想学习太极拳，我有以下建议：

- 学太极拳一定要找一个好老师。
- 太极拳有多种流派，要坚持学习一套太极拳，并反复练习。
- 介绍太极拳艺术或者具体打法的视频资料很多，可以找来看看。

姓　　名：罗琳
国　　籍：智利
就读院校：北京语言大学
在华时间：6 年
居住城市：北京

住在中国

如果你不会说汉语，能和中国人交流吗？

老实说，在中国如果你不说汉语，交流可能很困难。我是 2018 年 9 月 14 日到达中国的，这大半年经历的各种跨文化体验让我印象深刻。

文化具有多样性，不同文化之间的差别是巨大的，其交流往往伴随着一些文化冲击。当一个外国人走在中国的大街上时，首先经历的文化冲击就是沟通障碍。一般来说，在许多国家，你可以用英语较好地与当地人交流，但在中国，这就成了一个很大的挑战，因为中国能用英语交谈的人不多。当然，如果你会说汉语，很快就会发现中国人很友好，而且愿意与你交谈。但是如果把汉语作为第二语言，你可能很难找到要谈论的话题，好在不用担心，中国人通常会引导你们之间的谈话。

刚到中国的那段时间，沟通对我来说是一个巨大的挑战，我不得不随时使用翻译软件。我记得曾经走进一家商店，看见服务员对我微笑。我想，也许她懂英语，能用英语和我沟通。结果她不会，我当时的失望可想而知了。

如果你想和中国人交流，特别是在遇到困难的时候，或者当你可能需要点餐或问路时，汉语是一种不可或缺的工具。熟悉一些常用语句是

朝着正确方向迈出的第一步，但这还不够，你还是很难轻松地与他人沟通。几乎所有的中国学校都教授汉语，相信我，只要学习一个学期的汉语，你就能有足够的词汇与朋友交流。尽管有许多不同的方言，但普通话是最通用的。在中国，你一定会用到的句子有：“你好！”“谢谢！”“多少钱？”你还要准备好回

答一些问题，比如：“你叫什么名字？”“你来自哪个国家？”

虽然语言是一个很大的障碍，但如果你下定决心的话，跨越它应该没那么困难。你很快就会意识到汉语是最可爱的语言。如果你学会了一些表达，那么我相信你一定能学会足够多的汉语，使交流更加容易。在中国还有一件有趣的事，那就是即使你学好了汉语，在街上能听懂的可能也不多。为此你不要感到难过或惊讶，因为汉语包含几十种方言。但是你也不必过于担心，因为大多数人都会说普通话。

一些建议：

- 熟悉一些重要的汉语词语和句式，例如自我介绍、问路、询问价格、了解要购买的物品的名称等等的表达方式。
- 如果想与中国当地人自由交流，需要下定决心好好学习语言。
- 结交一些中国朋友。中国人很友善，让他们教你汉语，也许你很快就会说很多汉语。
- 尝试随身带一个翻译软件，这对不会说汉语的人很有帮助。
- 听到汉语的不同方言不要感到惊讶。

姓　　名：伊曼纽尔
国　　籍：加纳
就读院校：电子科技大学
在华时间：8个月
居住城市：成都

来中国前应该做哪些功课？

每当与别人谈起初到中国的经历，我的故事里总是尴尬事最多，而那些尴尬原本是可以轻松避免的。我来中国的目的就是想学一门外语。在收到录取通知书一个半月后，我揣着护照，拿着旅行包，拉着大箱子，稀里糊涂地就来到了北京首都国际机场的海关。对于未来的一切，我心里充满了好奇。我几乎飞越了半个地球，来中国学习一门我还一无所知的语言。当时，我甚至不知道如何用普通话说“谢谢”和“你好”。

出机场后我决定省点儿钱，乘坐机场地铁快线去旅馆。刚开始问了两个人怎么去地铁站，他们都听不懂英语，交流无果。之后我花了足足一个小时才找到地铁站。口袋里当时有几千块人民币（这是离开美国前在机场兑换的，手续费高达百分之三十左右），还有一张借记卡。我那时一点儿都不敢乱花钱。

直到现在我也不清楚为什么我预订的旅馆给我发了一份用拼音标注的地图。反正，我不知道该去哪里，当觉得自己坐得足够远的时候，就下了地铁，开始漫无目的地走着，身后拖着拉杆箱。我不知道怎样穿过看上去秩序混乱的马路，所以只能紧跟在别人身后。夜幕降临时，我正认真考虑是否有必要在一条小路上找一个安静的地方休息一下。这时迎面过来一个女孩儿，我决定最后尝试一下问问路。真幸运，我问路的那个女孩儿正好是学英语的，而且很热心。她看了一眼我递过去的用拼音写的地址，说“跟我来吧”。然后，她带我沿着迷宫般的街道走了 25 分钟左右，突然旅馆的霓虹灯牌匾映入我的眼帘。我一下子就放心了，那种如释重负的感觉真是无以言表。

第二天早上，当我迈进学校的大门，和很多外国学生一起去报名上课时，我感到浑身轻松，从来没有感到如此自豪过。我的这番经历听起来很曲折，我也肯定会把这个故事讲给子孙后代听，但是，这些麻烦其

实本来都是可以避免的。来中国之前，应该做足功课，知道该干什么、不该干什么，那么你的中国之行就会很顺利。

以下是一些建议，需要记住：

- 很多酒店都有免费的机场班车。预订一家提供这种服务的酒店可以省去很多麻烦。
- 不要在机场兑换外币，因为服务费高得离谱！一定要在国内提前换好。无论是在中国还是在你自己的国家，银行兑换外币的手续费通常是百分之一或更少。
- 知道向谁问路是关键。在中国，许多年轻人会讲英语，也喜欢通过外国人检验自己的英语水平，可以大胆地问他们。
- 现代技术为我们提供了许多翻译软件，好好利用它们。
- 出国前买一款无锁版手机，到中国机场花点儿钱买一张 SIM 卡，就可以立即上网使用地图软件。
- 最后，我想特别强调的是，要勇于尝试。在中国的这段时间是我生活中最快乐的时光，也是我最强大的动力来源，因为我在这段时间虽然过得很艰难，但从未放弃过。

姓　　名：于泽熙
国　　籍：美国
就读院校：北京语言大学
在华时间：4 年
居住城市：北京

在中国怎样租房子？

尽管中国的高校给留学生提供宿舍，但是你也可以在校外租房子。那么如何找房子呢？

我在中国读本科和硕士期间，从来没有遇到过租房子的问题，因为对宿舍的条件比较满意，也就不需要去校外住了。后来开始读博，并且结了婚，我和丈夫就不得不租房子了。由于出租的房源很多，以至于我俩每天都要去看房子。

如今，通过网站或应用程序找房子在中国很普遍。我们当时也是用应用程序找的房子，因为比较方便。利用数字应用程序，可以按照价格、房间数、地理位置和交通等条件进行筛选，还可以选择合租或是独租。我们很惊讶地发现，应用程序上面的很多照片其实与房子不符。所以，不要相信网上挂的漂亮照片和低廉价格，最好和中介或者房屋代理联系，弄清楚房子是否和网上的照片一致，也可以亲自去看房。

通过中介找房子也是很常见的。通常每个区域都会有十多个房屋中介，链家是中国较大的连锁中介公司之一。我们当时三天之内看了十套房子，但最后找到可心的房子全靠机缘。我们租的房子是通过学校附近的一家中介找到的。第二天，就和房主见面、签合同。合同是当着中介公司人员的面签的。我汉语水平还可以，能和房主沟通，也能看懂合同内容，所以没有找中国朋友或熟人陪同，自己就把合同签了。

在中国，租房子通常要先交押金，金额相当于一个月的房租。此外，通常需要预付三个月的房租。有时你也可以跟房主商定按月付房租，但这样的情况很少。因此，第一次付租房款时需要准备不少钱。我们和房主事先说好，房主负责管道维修和其他小问题的处理。在微信等聊天儿软件中有很多群，群里每天都会有房主发布房屋出租交易信息，非常方

便，因为这样你就可以直接和房主沟通了，房租也可以按月支付。

在中国生活，即使住在公寓里，也能对中国和中国人有很多了解。

关于如何在中国租房，下面是几点建议：

- 如果决定通过中介找房子，就要做好中介每天打电话告诉你各种房源信息的准备。想找到合适的房子，要有足够的耐心和体力。
- 找房子可以使用的应用程序有“自如”“安居客”“58 同城”等。
- 通过应用程序找房子，不要被网上的漂亮图片给骗了，图片可能只是一种营销手段。最好跟中介沟通，问清楚照片是否真实。
- 如果汉语不好，无法交流，找一个中国朋友或是会讲汉语的外国朋友陪你去见中介和房主。
- 准备好押金和三个月的预付房租。当然，如果找中介，还要付一笔中介费。中介服务费通常是一个月房租的 35% 到 100%。
- 如果你是正在找房子的学生的话，最好让其他同学把你拉进租房微信群。在群里，你可以得到很多租房信息，价格便宜，租房规矩可能也少一些。

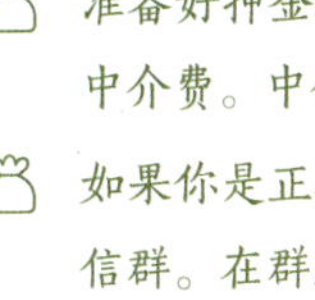

姓　　名：阿依努拉
国　　籍：吉尔吉斯斯坦
就读院校：上海外国语大学
在华时间：9 年
居住城市：上海

在中国生病了怎么办？

决定要到另一个国家生活绝非易事。当来到一个完全陌生的国家时，我们的脑海中会充满各种疑问，不同的风俗、食物、语言和文化常常给我们带来恐惧和不安。毫无疑问，一个人离开自己的国家时考虑得最多的事情就是自己的健康。许多人都会担心，如果我在中国生病了，我该怎么办？

季节交替时，感冒、咳嗽或许是不可避免的。在我学习的第一年中，我就生病了，需要看医生。包括我在内的许多留学生都不知道大学有医务室。事实上，校医务室有专业人员和医疗设备，可以轻松治疗感冒这样的小毛病。

如果发生比较严重的疾病或事故，那你就要寻求专科医生的帮助。有一次，我的儿子因为自行车事故造成了骨裂，这种情况就必须要去医院了。但遇到这种情况，立即去最近的医院可能也不是最好的选择，因为你不知道最近的医院是否拥有相应的医疗设备，或者他们能否听懂你的汉语。因此，了解中国各类医院之间的差异和主攻方向就显得非常重要了。

你能找到的最近且最经济的医院是社区医院，这类医院相对较小，专科医生数量有限。它们是治疗小毛病的理想选择，因为通常不太挤，可以避免长时间等待。在这些医院里我没见过几个会说英语的人，但这并不意味着他们的专业水平不够。然而，由于语言障碍，你的问题可能无法顺利解决。

中国的大医院设有各科诊室，而且有很多高科技设备，因此去这些医院看病的人就很多。许多医生都在国外学习过，一般会说一些

简单的英语，这将使你的医疗咨询更方便。在这类医院中，还有专科医院，比如我就很方便地找到了一家骨科医院，有效地医治了我儿子的腿伤。

此外还有国际私立医院，那里的员工都能说英语，甚至还有说其他语言的专科医生。那里的医疗咨询比公立医院更为人性化，但是费用也更高，所以一般情况下，在这类医院接受治疗的人都有很好的医疗保险来支付这些费用。

你可以根据疾病的严重程度和你汉语水平的高低选择社区医院或大型公立医院，因为他们将以与国际医院相同的效率解决你的问题。

为了获得更及时的医治，我建议：

- 带好护照，因为这是你的个人身份证明。
- 医院每天接诊的数量有限，如果你想节省时间尽快挂上号，最好早点儿去医院。
- 挂号时，你可以要求挂专家号或特定医生的号，事先了解相关专家的信息能够加快你的挂号速度。
- 每次咨询、检查和用药必须事前全额支付，因此你经常需要前往付款窗口，但也可以在自助设备上使用移动支付方式付款，那里等待的人比较少。
- 如果你有医疗保险，要确保医疗收据上的姓名与你护照上的完全一致。

姓　　名：阿贝托
国　　籍：厄瓜多尔
就读院校：天津理工大学
在华时间：2 年
居住城市：天津

中国的假期有什么特别之处？

对于孩子来说，假期总是一年中最美好的时光。不用上学，无忧无虑，没有任何事情能妨碍我们尽享生活的乐趣。无论是万圣节还是圣诞节，总会放假，让人非常期待。可惜，假期似乎永远都不够长，无法和中国相比。

中国的节假日非常多，但只有七个重要的节日是法定假日。这里说的“法定”的意思是指会真正放假，人们可以回乡看望家人，也可以只是待在家里休息放松。这七个节假日中，有五个放假时间不长，通常是星期五或星期一外加一个周末，总共休息三天。这五个节日是元旦、清明节、劳动节、端午节、中秋节。

每个节日都有不同的传统习俗。清明节也是扫墓节，人们回乡祭祖，以示对先人的怀念和尊重。端午节最重要的娱乐活动是划龙舟比赛，船雕刻成龙的样子，在水中竞渡。中秋节，人们吃月饼（类似一种非常甜的带馅儿的蛋糕）、放孔明灯。

在这七个节日中，剩下的两个节日更为重要：国庆节和春节。国庆节假期在这两个节日中相对短些，为期一周。单位休息，学校放假，为的就是纪念中华人民共和国的建立。全国各地都有盛大的庆祝仪式。在国庆假期，很多人都有足够的时间回乡看望家人或外出旅游，不用赶着回到日常琐事中。

春节是最重要的节日。虽然官方规定的假期只有一个星期，但节日筹备、庆祝、节日期间的团聚活动等，前后要持

续半个月。春节，即中国的新年，是节日的高潮。春节期间每天都有一定的安排，或看望亲友，或参加多种多样的活动及仪式。春节假期非常充实，也让人感到很疲劳。上班族只有一周的假期，但学生（包括大学生）有一个多月的假期，可以尽享自由。节日期间，人们在全国范围内走亲访友，充分享受美好生活。

中国的节日和其他国家的节日一样，重点就是要一起庆祝。人们会在节日和家人朋友团聚，一起出去吃饭或举办聚会，或疯狂网购。假期快乐又放松，是一个享受人生的好时机。

在庆祝节日的时候要记住以下几点：

- 如果有中国好友请你去他家或其他地方，一定要去！你可能会紧张或不知所措，但是绝对不要错过亲身体验中国传统文化的机会。
- 存些钱来旅游。春节假期有一个多月的时间呢，利用这段时间在中国到处走走，充分感受中国人过年的氛围。
- 饮酒文化。在一些节日里，有些人会喝好多的酒，也经常请你喝酒，但你也不是非喝不可。如果你也打算一醉方休，那么一起喝也无妨。
- 注意安全，有备才能无患！带上护照复印件和少量现金，以防万一。

姓　　名：雷皓翰
国　　籍：美国
就读院校：北京语言大学
在华时间：2 年
居住城市：北京

如何在中国买 SIM 卡？

中国有三大电信服务供应商：中国联通、中国移动和中国电信。你可以从任何一家购买 SIM 卡，特别是前两个供应商更为常见。如果是大一新生，有些大学可能会给新学生免费办 SIM 卡，就像我所就读的北京语言大学就是这样。当然，你也可以到上述电信服务供应商的任何营业网点自己去办理。

你关心的下一件事情可能是选择哪种手机卡套餐。每个电信服务供应商都会有多种套餐可供选择，选择哪种套餐视个人需要而定。我建议优先考虑流量，因为微信、滴滴（叫出租车的软件）、GPS 导航都要用到；在没有无线网络的时候，看视频更是需要流量。语音通话是次要考虑，因为可以随时使用手机流量进行免费微信语音通话。值得注意的是，这些供应商还经常推出学生移动校园计划，套餐很划算，可以每年更新。虽然我已经不是学生身份了，但我还是购买了 200 元打一年的手机套餐，这个套餐每月从中国联通获得 6.5GB 的流量。一旦你做出决定，只需预存话费，工作人员就会很乐意帮助你在手机上安装 SIM 卡。然后，就一切妥当了。

你很快就会意识到，手机号码不仅对满足你的基本社会需求至关重要，而且随着中国近年来加强互联网安全管理，你在网上注册的每个中国账户或应用程序都必须与你的手机号码绑定，否则无法使用。这项规定被称为“实名制”，政府此举旨在限制匿名账户和各种网络犯罪。电话号码有助于追踪，因为你只能使用身份证或护照来申请号码，而且通常每个号码只能创建一个账户。典型的中国电话号码有 11 位数字，不包括国家代码 +86。

小贴士：

- 在中国电信服务供应商网点申请手机号码时，最重要的是要提供护照（可能也需要带一些现金，购买手机卡套餐），所以记得一定要带上你的护照。
- 如果你中文不好，最好请一位中国朋友陪你去，套餐说明大多是中文的，很难看懂，而网点的工作人员的英语一般不大好。
- 如果手机和 SIM 卡丢失，去电信服务供应商的自主营业厅找回你的原有手机号，再办一张新的 SIM 卡就行。不要去合作营业厅办理，因为合作营业厅没有处理权限。再说一遍，别忘了带护照！
- 如果打算在中国待上几年，通常还有更便宜的两年校园移动套餐。不过一定要事先问清楚，看看针对自己的情况是否划算。

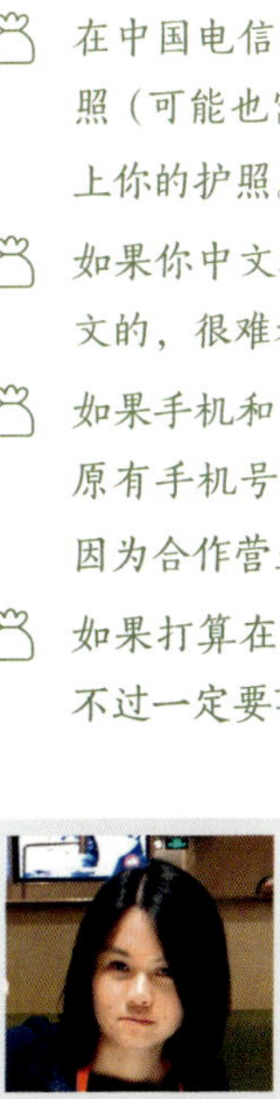

姓　　名：李俐雯
国　　籍：马来西亚
就读院校：北京语言大学
在华时间：6 年
居住城市：北京

春节能有什么体验？

对于那些想真正体验中国文化的人来说，春节是一个到中国旅游或去中国朋友家乡的好时机。春节是中国的农历新年，为期 15 天，从农历初一开始，一直延续到元宵节。春节是中国一年中最趣味盎然、热闹非凡的节日，大多数人都放假，回到家乡与家人朋友共度美好时光。

像北京这样的大城市在春节期间竟然会显得很空旷，因为很多人，尤其是学生，在这段时间都会回老家过年。对大部分中国人，比如上班族和学生来说，这是他们一年中唯一能和家人团聚的机会。春节前的几天，返乡人流达到高峰，这几天大多数上班族开始放假。如果你计划在这段时间内旅行，最好提前一个月制订计划并预订火车票或飞机票，否则很难买到节前的票（春节期间的车票每年都会很快售完）。

你想去哪里过节就去哪里，因为在中国各地你都能感受到节日气氛。不过，不同的地方，人们过节的方式也有可能大不相同，所以不管你去哪儿都会有独一无二的感受。我选择了在浙江省龙泉度过这个美好的节日，龙泉是一个连多数中国人都不熟悉的小城市。我选择去那里不是因为它是旅游景点，而是要与我的朋友和他们的家人一起过春节。

小镇的春节要比想象中的热闹得多。但热闹也并不是说到处都是人，虽然有些场所也会熙熙攘攘，因为每个人都要回家和亲人们欢聚一堂。在过年期间，我参加了一个好友的婚礼，和朋友们共度美好时光，这也算得上是一个独特的经历了。每个人都很热情，几乎每天都有丰盛的家宴，然后是彻夜的豪饮、聚会和聊家常。朋友带我到附近的景点转了几趟，去了群山环绕的小村庄，体验了当地的文化和美食。如果你想来一次温馨的旅行，近距离地了解当地的文化和生活，那么春节正当时！

如果你想在中国过春节，以下是一些建议：

- 确保提前一个月制订旅行计划，春节期间火车票提前 30 天开售，卖得很快。你可以通过 www.12306.cn 等网站在线订票，微信和支付宝支付最方便。你也可以通过微信和支付宝直接订票。
- 如果你能在朋友的家乡过春节，你可能会对中国文化有更深刻的体会。这也是提高汉语水平的好方法，我当时就几乎有两个星期没说英语，只说汉语。
- 与朋友及其家人一起过节，切身感受中国的风俗习惯。例如，按当地的习俗不应该空手去做客，要带些水果或酒作为礼物。另外，你的礼物不要是单数，如果你带酒，请带两瓶而不是一瓶。
- 有些地方可能很拥挤，要注意安全。

姓　　名：李云起
国　　籍：加拿大
就读院校：北京语言大学
在华时间：2 年
居住城市：北京

红包是什么？

红包是红色的信封吗？恭喜你，答对了，不过只答对了一半！红包不仅是红色的信封，更重要的是里面有钱！

传统意义上的红包是中国人过春节时长辈给孩子的用红纸包起来的钱。这是长辈送给晚辈的压岁钱，表示对晚辈的一种美好祝福，保佑他们在新的一年里健康快乐、吉祥如意，所以，春节红包也叫压岁钱。如今，红包泛指包着钱的红纸包，用于逢年过节、结婚、升学、升职等喜庆时刻赠送礼金。

来到中国之后，我还见到了一种新式红包，那就是微信红包，它是一种电子红包，人与人不用见面，只要双方是微信好友，就可以利用微信红包功能随时随地发送或者接收红包。因为操作简单，方便快捷，微信红包很受欢迎。微信红包分为两种：一种是固定金额红包，又叫普通红包；另一种是随机金额红包，又叫拼手气红包，红包里的钱不是固定的，能收到多少钱取决于接收者的运气。在一些喜庆时刻，特别是春节期间，学习群、工作群、校友群等各种微信群好像都变成了“红包群”，老板、群主或者群里的其他人纷纷给大家发红包。

如今，人们在微信上发红包、抢红包早已成了常事。有时候，微信红包的金额可能很小，但是参与抢红包的人依然非常开心，人们在意的不是红包里有多少钱，而是参与“抢钱”的感觉。

小贴士：

- 使用微信红包功能之前，可以先到银行请工作人员帮你绑定一张中国的银行卡，开通微信支付功能。千万不能忘记自己的微信支付密码！
- 不绑定银行卡也可以接收和发送微信红包，单个红包有金额上的限制。
- 有的时候，为了让群里的人出来聊天儿或者活跃微信群气氛，或者想请群里的人给自己帮忙，大家也会在群里发红包。
- 发红包时可以用谐音好听、含义吉利的数字，如“8、521、6”等。在中国，数字“666”并不像在西方那样代表邪恶，相反，它用来形容某个人或事物很厉害，让人佩服。

姓　　名：王妙运
国　　籍：泰国
就读院校：北京语言大学
在华时间：7 年
居住城市：北京、昆明

中国人怎么过年？

在中国生活时，欢度各种各样的节日绝对可以称得上是最美妙的事情，每个人都热情洋溢地准备各种美食去庆祝节日。在所有的中国节日当中，我最喜欢的就是春节。它有点儿像美国的圣诞节和感恩节的“综合版”：既有圣诞节的氛围，比如礼物、灯光等，也有感恩节的气氛，比如美食和家庭聚会。

我在中国的第一个新年是和一个女孩儿一起度过的，她现在是我的太太。按照中国的传统习俗，我们一起回她的家乡吉林省长春市。在我们回去前的那几天，长春一直在下雪，这个被白雪覆盖的城市充满了节日气氛和欢庆景象。我很庆幸能参与并感受当地春节的一些习俗。

一是房子外面都挂着红色的大灯笼。二是大门上都有倒贴的红色的“福”字。在中文里，“福”是指好的事情，“到”是指到来。有趣的是，“倒”和“到”字读音相同，所以，把“福”字倒过来贴在门上，意思是“有好的事情要到来”。三是燃放一串串震耳欲聋的长鞭炮。在春节的那几天里，每天都能听到此起彼伏的鞭炮声。四是年夜饭。春节最棒的部分是美食。年夜饭有十多道精美的菜肴，包括饺子、猪蹄、海鲜和蔬菜等各种美味佳肴。五是发红包。年夜饭之后，就是发“红包”环节，红包内装有百元到千元不等的钞票。孩子们在这一天里收到爷爷、奶奶、外公、外婆给的几千元压岁钱都是很正常的事。

春节期间，我们还去吉林市看望了其他亲戚。我还记得那长长的桌子貌似被各种美食“压弯了腰”。从上午到晚上大概来了二十多个亲戚，屋子里一直笑声回荡。春节假期的最后三天是和发小们相聚：泡温泉、喝白酒、打麻将等等，每天都到深夜才结束。

这些美好、难得的记忆我将会一直珍藏！

一些节日小提示：

- 如果你打算在节日前后出行，一定要提前买好往返的机票或火车票，并准备好面对春运期间拥挤的人潮！春运可谓是世界上最大规模的人类迁徙。由于大多数人都返乡过节，像北京这样的一线城市在过节期间往往会像“空城”一样，许多商店都会关门。一定要事先买好你需要的东西！
- 如果你很幸运地被邀请与中国人一起欢度春节，做好准备，你将会被“像家人一样”对待！你可能要帮着一起挂装饰品或一起准备年夜饭，你也有可能会收到一个红包。你也一定要提前准备好红包送给孩子们（里面并不需要装很多钱），以感谢他们家人的款待！
- 按照习俗惯例，每个人都要在年夜饭敬酒时说几句感谢的话，并表达美好的祝愿。可以事先简单地准备一下，即使你不用汉语说，也会得到他们衷心的感谢。

姓　　名：于泽熙
国　　籍：美国
就读院校：北京语言大学
在华时间：4年
居住城市：北京

我是怎么喜欢上在中国生活的？

来中国之前，如果有人和我提起“中国”，我脑海里往往会浮现一幅阴阳太极图。后来我才知道这种阴阳太极图离生活并不遥远，对立统一的观念在中国社会的各个方面都有所体现。

中国是世界上人口最多的国家，也是世界上地域最辽阔的国家之一。这些多样的因素使中国成为一种有趣的融合体。所以我常说：“要是这个东西在中国都找不到，那么它也许根本就不存在。”中国这个国家真是个多样化的家园。游历中国，这种感受会特别强烈。正是这种多样性，让我喜欢待在中国，喜欢在中国旅行。

在中国期间，我主要住在北京。我很喜欢北京，这个城市和住在这里的人都很特别。北京的气候也呈现出比较极端的状态，使我在这里的生活充满了乐趣。我到北京的第一天，气温超过 40 摄氏度，空气潮湿；当时间快进入 1 月的时候，气温则降到了零下 17 摄氏度，空气又变得非常干燥。我猜这就是中国北方人通常性格都比较粗犷的原因吧。

从北京出发，坐几小时的高铁一路向南走，就来到了江南（上海、浙江、江苏一带）。江南是我在中国最喜欢的地方。上海是世界上最现代化的都市之一。那里的人非常时尚，比如上海女人的丝绸服装、口红和齐耳短发影响了几代人，使得上海有东方巴黎的美誉。

但是让我爱上江南的并不是因为上海，而是上海周边的城市。上海似乎缺少一点儿数千年来不同历史人物和不同朝代更迭形成的文化积淀。而苏州、杭州、南京则更有历史，都是古城，建筑也比上海更久远。在这三座城市里，仍然可以看到年老的长者坐在古老的街道旁，在曾经赋予这些城市生命的小河边垂钓。其中一些人还从事古老的民间手工艺品制作，想借此过上更好的生活。

中国的自然风景有的秀丽，有的壮阔。从世界上最高的山峰到广袤无垠的沙漠，从风景如画的竹林到令人叹为观止的湖泊，中国应有尽有。多

样的气候也是中国能有像大熊猫和藏羚羊这么多珍稀物种的主要原因。

总之，中国确实可以说无所不包，就像是一杯令人回味无穷的佳酿，融合了古代文明和现代科技，也融合了古老传统和外来新鲜事物。我强烈建议大家到中国一游，但事先一定要做好总体规划，不然会感到茫然不知所措的。

以下是一些建议：

- 制订具体的旅行计划，只要有机会就去一个新地方看看。中国假期很多，所以一定会有机会的。
- 如果你想了解中国的古代历史，那么西安、北京、南京、杭州、苏州这些城市是必须去的。或者也可以去上海，但会有一种截然相反的现代体验。
- 尽量住青年旅舍，别住宾馆，在青年旅舍会遇到许多当地人和其他游客，他们通常会给你的旅游计划提出很有用的建议。
- 要结合中国一年四季的气候变化制订相应的旅行计划。在中国，去任何地方之前都要看看哪个季节去最适合。例如，呼和浩特最好夏天去，九寨沟最好9月下旬去，丽江春天去为宜，哈尔滨冬天去最佳（虽然很冷，但是景色会很美）。

姓　　名：林霜
国　　籍：丹麦
就读院校：北京语言大学
在华时间：7年
居住城市：北京

哪个应用程序是生活中必不可少的？

你的手机里有微信吗？如果没有，你可能就会错过大多数中国人享受的许多便利条件。

刚到中国时，你可能会对微信产生好奇：微信是个什么样的应用程序？它有哪些功能？如何有效使用？下面就让我分享一下我的个人经历吧。

微信是中国最大、最受欢迎的社交媒体平台之一，通过微信，用户可以轻松地与世界各地的家人和朋友联系。有些人可能会说，它是中国版的 Viber、WhatsApp 或 Facebook，但确切地说，它是将这些应用程序与许多其他独特的、卓越的功能结合在了一起。

首先，和其他社交应用程序一样，微信上可以查找朋友、发送短信或语音信息、进行音频或视频通话，以及在朋友圈发信息。例如，与朋友交谈时，聊天栏左侧有一个类似扬声器的按钮，可用于发送语音信息。按住通话键，完成通话后，只需将手指从屏幕上松开就能把信息发送出去。一开始你可能会问：这是不是常用的功能？嗯，是的。如果在走路或者是只能腾出一只手时，发送语音信息不仅方便而且安全。用户可以在微信上从各种公共平台获得很多有用信息。有许多平台提供有关政治、大众传媒、经济和其他最新事件的新闻。我学的专业是语言学及应用语言学，所以关注了许多与语言学相关的公众号，如语言学午餐、语言研究等。通过这些公众号，我可以获得最新的、最重要的国际会议信息，并阅读相关文章。

微信最突出的功能是微信支付，这是一种手机支付服务。每一个微信账户都有自己的二维码，买东西时既可以让商家扫码收款，也可以扫描商店的二维码进行支付。支付并不是微信的唯一功能，微信还可以网上叫车（比普通出租车更便宜），点餐，给手机充值，购买电影票、火车

票和飞机票，预订酒店，买卖二手货，等等。和朋友外出时，可以省去带现金、钱包或背包的麻烦，只需要带上手机就行。

有了这么多突出的特点，微信可以说不仅仅是一种社交应用。实际上，数以亿计的微信用户使用微信做各种不同的事情。微信已经成为大多数人生活的重要组成部分，成为一种新的中国文化习俗。如果想在中国好好学习、生活和工作，你也应该试试使用微信。

为了让你更好地使用微信，我有以下建议：

- 你可以通过扫描二维码或让别人扫描你的二维码的方式来添加好友。如果两个人不是面对面，无法扫描二维码，或者其中一个人的手机没电了，也可以通过微信账号添加好友。
- 使用微信支付，必须将一个可用的银行卡与微信支付账户绑定（2018 年起，维萨卡或万事达卡也可以绑定）。请确保你输入的姓名与你注册银行卡时预留的姓名书写方式完全一致。
- 你可以在微信上发朋友圈，图片、文字、文章都能发。可以设定朋友圈权限，控制谁能看到你发的信息，以及信息的有效期。
- 通过微信，可以订阅各种公众号。通过这些公众号，你可以了解到很多自己感兴趣的内容，包括当地的新闻、艺术或者国际事件等。

姓　　名：吴氏庆芝
国　　籍：越南
就读院校：中山大学
在华时间：1 年
居住城市：广州

在中国用手机可以做什么？

毫无疑问，中国拥有世界上最多的移动电话用户。对世界上大多数国家而言，手机（智能手机）都用于日常活动，如打电话、收发电子邮件和短信、拍照以及其他社交媒体互动。但在中国，手机的功能远远超出这些，毫不夸张地说，离开手机几乎无法生存。我初到中国时，面临着这一文化冲击，真有点儿不适应，但我必须养成携带手机并用手机处理几乎所有事情的习惯。

你可能听说过微信这个社交媒体应用程序，它的功能比世界上大多数著名的社交媒体应用程序都强大得多。除了通常的社交媒体功能外，微信还与银行账户绑定，用于收付款、支付购买商品和服务的费用，如网上订餐、购买电影票、滴滴出行等。

手机在中国如此重要的另一个原因是，它们是使用共享单车所必需的工具。你可以用手机扫码租用共享自行车或电动自行车，这种交通方式不仅便捷，价格也相对便宜。

多数外国人到中国时都面临着语言障碍，尤其是刚到中国的时候。因此，你需要一部手机，以便借助翻译应用程序进行交流，这对你帮助很大。想象一下，你来到一家商店，服务员不会说英语，怎么办？手机使这个问题迎刃而解了。许多人也使用手机翻译软件来一点点学习汉语。

万一手机没电了，关机了，那就糟糕了！而我就经历过一次。有一天，我去另一所大学看望朋友。回来的时候，手机没电了。那次的行程不是直达，所以得先乘地铁，然后再乘出租车。下地铁时已经晚上十点多了，本想叫一辆滴滴快车，但是因为手机没电了，没法用手机约车，我一时不知道该怎么办。碰巧遇到了一个朋友，他也要打车回学校，正好我搭了他约的车回到学校。

那次的经历真是不堪回首，我也真切意识到手机在中国日常生活中有多重要。正如俗话所说，“经验是最好的老师”，那一天手机没电的经历至少教会了我应该如何做才能使在中国的生活变得更容易。

以下是一些建议，均基于我的个人经历：

- 中国的移动支付发展迅速，因此，出门时只需要用手机支付就可以。
- 出门永远记着带手机。
- 出门前务必确保手机充满电，并随身携带充电宝以备不时之需。
- 随身携带一些现金，以防手机没电关机时没有办法付款。
- 学习一些基本的汉语，以便于沟通。

姓　　名：牛顿
国　　籍：加纳
就读院校：电子科技大学
在华时间：8 个月
居住城市：成都

在中国真的能用手机搞定一切吗？

随着科学技术的飞速发展，科技已经渗透到中国人生活的方方面面了。人们的手机不断升级，功能越来越齐全，也越来越实用，在日常生活中可以用手机解决很多问题。下面就让我来介绍一下手机在中国的各种用途吧！

在中国拥有自己的朋友圈是很重要的，你可以在手机上下载微信、QQ、微博等软件，然后就可以和身边的好友聊天儿了，还能和他们分享你的故事或照片。如果你想认识一些新朋友，你也可以通过手机微信上的“搜一搜”功能或通过扫描二维码的方式添加好友。因此，来中国前，最好先在手机上下载好这些软件哦！

吃，是一项很重要的事情。你可以在手机上下载外卖软件，例如美团外卖、饿了么等。当你饿的时候就可以用这些软件点餐，这样即使足不出户也能吃到美食啦！因为外卖员会把你点的食物送到你面前。当我第一次用美团外卖的时候，我都被外卖员的速度给惊呆了，因为在家点外卖比我自己出门点餐还要快，而且快递费只要几块钱人民币。

你还可以在手机上下载许多购物软件，例如淘宝、京东、天猫等。

通过这些软件你可以在网上挑选各种各样你想要的商品，不管是食物、服装还是化妆品，甚至是宠物，网上都应有尽有。而且网上商品不仅价格便宜，种类也十分丰富。你还可以看到之前的买家们在使用完相关商品之后的点评和照片。在你买完商品之后，快递员会在几天之后甚至在下单当天就把你买的商品送到你的家门口。

乘公交车和地铁时也可以使用手机支付。只需要在手机上下载支付宝或微信，在

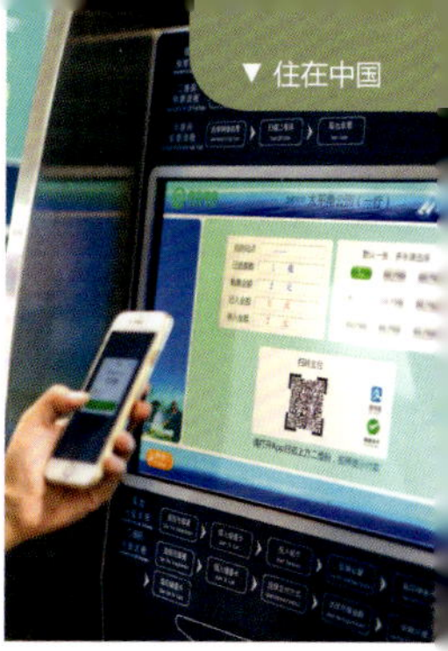

上车之前打开软件上的支付二维码，对着公交车或者地铁上的机器扫一下就可以了，它们会自动从你的手机钱包中扣除相应的费用。这种支付方式不仅方便，还能帮你省去携带零钱或给公交卡充值的麻烦。

最后，你还可以用手机在网上订火车票、飞机票和酒店等，相应的软件有携程、飞猪、爱彼迎（微信和淘宝也有这种功能）等，这些应用软件有时会提供更为优惠的票价。

虽然手机的使用非常方便，我们在利用手机完成各种订单的时候也要注意以下几点：

- 在提交信息之前，特别是在下单或购票时，务必要核对好你的订单信息是否正确。比如：收货地址、购买商品的数量、所订的机票或者火车票的出发时间等等。
- 购买火车票或机票时，确认你写的是护照上的名字，而不是你的中文名字。
- 保护个人信息十分重要。使用微信和支付宝时要小心，不要透露支付信息。
- 不要把你的支付密码告诉他人，不然被别人盗刷你的银行卡就糟糕了。
- 微信和支付宝与你的银行卡是绑定的，存有个人信息，使用时要小心，不要把手机弄丢了。
- 手机要设置密码，否则如果手机丢了，别人就能用你的手机来支付或获取你的个人信息了。

姓　　名：卡利克
国　　籍：斯里兰卡
就读院校：南京师范大学
在华时间：4 年
居住城市：南京

中国老人的生活教会我们什么？

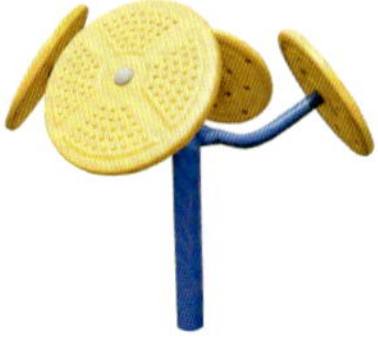

作为外国人，去别的国家的时候，我们对很多与自己文化不一样的事会有各种各样的反应，不管这种差异是饮食上的、天气上的还是人际关系上的。我的反应一般分两种，要么是惊喜，要么是“这到底是什么”。当我刚来到中国时，我的反应主要是前者。

在中国经常令我感到吃惊的一件事就是中国的老人非常活跃。来中国以前，我在三个不同的国家生活过，在这些国家，老年人的活动只限于在公园散散步或者喂喂鸽子，可是中国完全不一样。我自己是一个比较喜欢锻炼的人，差不多每天早上都会早起去学校的操场跑步。我到北京还没多久，有一次跟平时一样跑步的时候，我瞧见一个老人在耍一种东西，动作潇洒而复杂，后来我知道那个东西叫“空竹”。空竹看起来有点儿像悠悠球，形状像沙漏，要用两个棍子和一根绳子让它旋转或平衡。那个老人将空竹绕着身子敏捷地旋转着，看上去毫不费力，我忍不住停下来拍了一段视频。

时间久了，我看到了好多中国老年人的运动，比如踢毽子。毽子是在一个底座上插上几根硬羽毛的东西，踢毽子有点儿像踢沙包，我试着踢了好多次，可是都没有成功。还有广场舞，一些大妈会在广场或空地上伴着流行歌曲一起跳舞，偶尔也会有大爷大叔参加。也有人更喜欢安静的运动，像太极拳。太极拳属于武术，但有瑜伽的感觉。还有几次，在公园见到一些大叔在空中甩着很长的鞭子，发出响亮的声音，这叫“耍鞭子”。这种传统的活动很多，不少都是起源于中国的少数民族，文化内容丰富，值得保护。

在中国三年多的时间里，我发现，中国的老年人比其他国家的老年人更加关注自己的健康，但是中国老年人并不太依赖西药或其他医疗方式。相反，他们选择一种更加自然的方式，把各种运动融入他们的生活当中，认为这样就能过上健康的生活。我觉得中国老年人的这种态度值得其他国家学习。目前老年人面临的最大问题是孤独，这些运动不仅有利于他们身体的健康，而且有助于精神的健康，因为这些运动让老人们聚在一起，成了朋友，生活得更加开心。

下面是如何在中国健康生活的几条建议：

- 中国有许多公园和户外锻炼设备，有机会的话可以多使用。
- 如果你对中国老年人的活动有兴趣，不用不好意思，他们肯定会欢迎你加入他们的活动。
- 保持身体健康不仅需要出去锻炼身体，也需要注意自己的饮食习惯。
- 有时候户外的空气质量不太好，这时可以考虑室内锻炼，不少健身房都有包年或包月的会员卡。

姓　　名：高汉智
国　　籍：秘鲁
就读院校：北京语言大学
在华时间：3年
居住城市：北京、贵阳

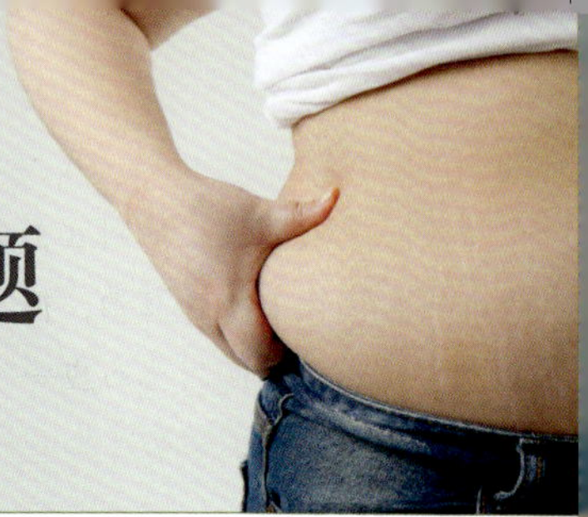

被问到尴尬的问题你会怎么办？

在中国，最让人震惊的事情很可能就是听到那些令人特别尴尬，甚至听上去有失礼貌的话或问题。我第一次碰到这种情况其实不是在中国，而是在墨西哥的中文学校。那次我刚好从北京回国，以前教过我的老师一看到我就说："哇！你变胖了！"她的这句话简直让我不知所措。

为此我难受了好几天，我一直问自己是不是真有那么胖。但慢慢地，我也就忘掉了这个非常尴尬的时刻。可是当我回到中国时，我又碰见了同样的情况。后来我发现，虽然有人不喜欢这种话，但还是经常会听到身边的人说别人最近胖了还是瘦了，告诉别人应该怎样塑造体形。

虽然对很多外国人来讲这种话是很不礼貌的，但你要知道，别人这么说你并不是在冒犯你。来自不同文化背景的人对个人隐私有着不同的概念，对什么可以问、什么不可以问也会有不同的理解。所以来中国以后，跟中国朋友聊天儿时，不要因为他们问你些本国人肯定不会问你的问题而生气，因为这很正常！

一开始也许你会觉得比较难适应，可是来到中国以后，你要学会从一个完全不同的视角来看待和理解世界。也正因为如此，你的中国之行才会变得丰富多彩。你将会了解这里的人是如何相互交流的，是如何看待世界的，以及这里的人际关系是如何维系的。

另一个经常被提到且很多外国人不太喜欢谈及的话题就是钱。如果有人对你的工作感兴趣，很有可能会直接问你一个月能挣多少钱。你可以不回答，或模糊地回应一下，然后换个话题继续交谈，但是你没有必要因为这种问题而感到震惊。

在这里，还经常会有人问到你的年龄。你要记住，在一些亚洲国家，年龄的差别比在西方更为重要。在一些国家问对方的年龄可能很不礼貌，可是在中国却十分常见。更让人震惊的是，在你透露了年龄之后，如果对方认为你有些显老，他会坦率地跟你这么说。这听起来有点儿不好受，但是你要记住这不是人身攻击！就在几天前我还遇到过这个情况，一位出租车司机问我多大了，我说25，他的回答是："哇！你看起来很老啊！我还以为你比我大呢！"真的是因为我们比较显老吗？有可能是吧。但是不同国家的人外貌存在差异，这就让人对年龄的概念有不同的理解，所以如果有人说你看起来比实际年龄大，别伤心，不要太把它当回事。

在你来到中国之前，我可以给你的建议是：

- 你要做好心理准备，你可能会被问到一些在你自己国家算是不礼貌的问题。
- 你要记住，那些话并不是在批评你，不要放在心上。
- 可能对我们来说，别人的有些说法比较奇怪；可对他们而言，我们的一些习惯也比较奇怪。我们都不一样，而正是这些不一样使得我们的世界更加有趣。
- 你也要小心，并不是任何场合都可以向任何人提问。
- 你要学会接受中国式的交流，结交新的朋友，这样你会从他们身上学到很多！

姓　　名：白贤俊
国　　籍：墨西哥
就读院校：北京语言大学
在华时间：6年
居住城市：北京

在中国需要给小费吗？

在美国，人们给小费也是情非得已。没有小费的话，服务员的工资都养活不了自己。但对有些人来说，给小费挺恼人的，因为餐费本来就不便宜。不管你对给小费这件事怎么看，在中国你不会有这个烦恼，因为中国不需要给小费。

在许多西方国家，给小费是在外就餐文化的一个重要组成部分。如果不给小费，就必须有一整套新的办法来解决问题。在中国的餐饮服务行业，由于服务员都有一份还说得过去的基本工资，所以不需要靠小费来维持生计。客观地讲，这只是文化上的差异。

如果浏览一下中国最大的公众网络论坛——知乎，就会发现有无数关于小费的讨论。有一些帖子描述了小费的历史、小费的文化意义，以及一些人对小费现象的不满，等等。在所有的帖子中，几乎没有一个是正面看待给小费这件事的。

小费可视为一种服务评价，同时也可以鼓励服务员更努力工作。在中国，许多城市的餐馆的服务质量达不到美国同类餐馆的水平。譬如，美国有许多夫妻或家庭经营的餐馆，服务效率高，服务态度好。但在中国同类餐馆中，服务员可能只会走过来，把食物端到你桌上，连看都不

看你一眼。

当然我们不能以偏概全，中国有些餐馆的服务还是很好的。给不给小费，可能也代表着社会价值观的不同。在美国，也许在一定程度上是由于小费的原因，人们对热情周到的服务非常看重；而在中国，人们似乎没有那么重视服务质量。

在中国，人们不仅在餐馆不给小费，在其他行业和领域也不给。司机、快递员等都没有要小费的习惯。如果给了小费，反而会让他们感到不适应。大多数人不会拿额外的钱，也许他们觉得自己只是老老实实工作，不想额外多收钱吧。这样看起来似乎也公平：拿了该拿的一份工资，不再向消费者收小费了。因此在中国，事情反而简单了，人们不会因为小费问题而产生紧张、烦恼或失望的不良情绪。

总之，中美的不同做法都各有优缺点。在中国，计算你该付多少钱更为简单直接；而在美国，还有很多附加条件要考虑。然而，给小费也会有一个直接的效果，就是会促进大家对更优质服务的需求；如此一来，出去吃饭时，人们也会感觉更愉悦。

在中国关于给小费的一些建议：

- 几乎任何情况下都不需要给小费，而且服务员通常也不会收。
- 不要对可能享受到的服务感到惊讶或失望，就看成是一种文化差异和有趣的经历吧。
- 当有人向你要小费时，如果你感到过意不去，可以给；如果不给，也没有关系。

姓　　名：雷皓翰
国　　籍：美国
就读院校：北京语言大学
在华时间：2 年
居住城市：北京

在中国学习时可以打工吗？

到中国后，许多学生首先会问的一个问题就是：“我在哪里能找到工作？”学费又不会从天上掉下来，所以很多学生希望在学习的时候找一份兼职工作来缓解一下经济压力。在许多国家，交换生在打工上享有一定的自由，但中国是什么情况呢？

不幸的是，答案很复杂。中国的签证制度相对比较严格，只能按照签证要求办理，很少有例外或附加法律允许持证人享有更多的工作机会。只有持某些类签证的人才允许合法工作。这些签证通常发给商人、航空公司员工或长期雇员。即使有长期居留签证，外国人也不允许打工。在中国，一次只能使用一种签证，换句话说，如果你有学生签证，你可以学习；如果你持工作签证，那你可以工作，但不能同时发给你两种签证。

至于学生签证，只能在特定情况下进行工作。如果学生签证持有人希望找到工作，那么他必须满 18 周岁，没有犯罪记录，在所从事的领域有一定经验，并有担保人。如果工作与行政管理有关，那么需要提供一份工作资格证明。此外，如果工作机会是政府提供的，那么打工是合法的。在某些情况下，学生可以通过所在学校找到工作，只要在学校填写了相应的文件，就没有问题。如果不符合上述要求（这些要求都很难达到），那么持学生签证工作就是非法的。

然而，不管怎样，还是有很多学生在工作。在中国，母语为英语的教师和许多其他类型的职位比较短缺，这为外国学生进入中国就业市场提供了充足的空间。当然，这种工作是非法的。不时会有“突袭”检查——警察会到学校检查任职教师的证件或签证，以核实他们的工作是否合法。非法打工可能会面临被驱逐出境、监禁、巨额罚款等巨大风险。

总之，中国的签证制度相当严格，特别是与其他国家相比。学生在打工上享受的自由与他们在其他国家可能不同，但是也有很多工作的机会。

给去中国留学的学生几点建议：

- 不管去哪个国家，记住：遵守当地法律至关重要！如果因非法打工被抓，将会受到惩罚。
- 定期检查签证，或至少要了解有效期，掌握好在中国的停留时间，并根据签证的规定行事。
- 如果你决定打工，要非常小心。比如弄清楚雇主的情况、工作地点、福利、工作时间和要求——你永远不知道打工会不会导致过早被驱逐出境。

姓　　名：雷皓翰
国　　籍：美国
就读院校：北京语言大学
在华时间：2 年
居住城市：北京

什么是中国快递？

中国作为一个发展中国家，近年来出现了许多新兴行业，其中有些行业是在追随西方发达国家的步伐。不过，中国的快递行业情况就不一样了。

亚马逊公司在全球享有盛名，被视为现代商业的楷模，其用户遍布世界各地。大多数人都太过于关注亚马逊了，却没有注意到当今世界在线购物领域的真正领头羊——淘宝。淘宝规模庞大，结构复杂，运营高效。

淘宝是加强版的亚马逊。它的商品包罗万象，有你所需的一切，还有你不知道自己可能会用上的一切。作为中国网上购物的主要网站之一，淘宝联系着数千万卖家和数亿用户，也是让人颇为惊叹的中国快递服务系统的主要源头之一。

淘宝每一个环节都采用流水作业，订单接收和处理速度惊人。下单后，刷新一下应用程序，就会看到产品已经装车准备发货了。到货时间从最长三四天到最短一天不等。包裹行经各地的收费站，并通过多家机构审核批准。经过一段“艰苦”的旅程后，包裹将再经过一次分拣，分派到相应快递网点，等待收货人领取。

表面上，中国的快递服务与其他国家的快递服务没什么两样，无非是一套简单的签收文件和运送包裹的配送体系。但是，中国快递的不同寻常之处在于速度和效率。人在北方，从南方订购货物，两三天内就能收到货，无须办理特殊的会员服务。通常情况下，包裹会准时送达，甚至没有丝毫的磕碰或瑕疵。快递员处理包裹迅捷且小心。既能保持包装完好，又能保证运输速度，真是了不起。

中国到处都是快递网点，一排排的储物柜随处可见，这些都是专门的包裹接收点。货物到达时，收件人会收到短信通知。只要简单扫描一下二维码，储物柜就会自动打开，收货人就可以取走商品。顾客还可以

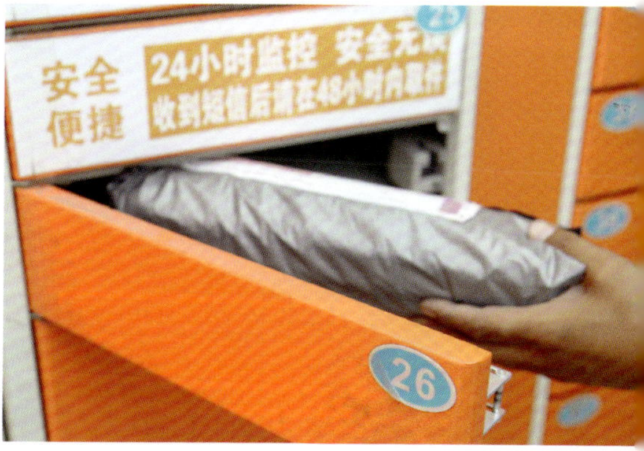

绑定微信账号，点击按钮打开储物柜。中国的快递最主要的特点就是方便快捷。

在街上，你经常会看到小型送货车给所在区域配送快递。快递员通常只停留几个小时。在这段时间内，他会逐个打电话给每一位收件人，告知快递已到。送快递的车到处可见，忙忙碌碌，为更高效的配送而不懈努力着。

从在淘宝上点击“购买”这一刻开始，到工人把包裹装车，再到快递网点分发包裹，整个过程的每个环节都是快速、准时、熟练的，中国的快递系统真是严密又高效。

对购物狂的建议：

- 在淘宝网上浏览商品时，一定要看一下评论，同时最好与其他同类商品做比较，别被坑了。
- 等待快递包裹时，随时准备好接听陌生电话——一定是通知你快递到了！
- 要利用好中国的快递服务。不仅物超所值，而且可以节省去实体店购物的时间。
- 通过淘宝应用程序，可以实时跟踪订单。如果想亲自体验一下快递配送速度，每隔几个小时查看一下即可。

姓　　名：雷皓翰
国　　籍：美国
就读院校：北京语言大学
在华时间：2 年
居住城市：北京

行在中国

自行车扫完码就能骑走吗？

在中国，扫一扫自行车上的二维码就能把车骑走吗？不要怀疑，答案是肯定的！

随着科技的发展，共享单车在中国越来越受欢迎。共享单车就是一种租赁式的单车，预付押金给软件平台后就可以随时租借单车，也可以随时归还。共享单车具有实用性、创新性、新颖性，在城市里深受欢迎。

在使用共享单车时，首先需要用手机扫一下车上身的二维码，然后车就会自动解锁，骑完之后把车锁上就行了。如果你经常使用共享单车的话，也可以在手机上购买优惠的月卡或者季卡。

值得注意的是，外国人和中国人的注册方式是不同的，外国人在注册时需要使用护照上的姓名和证件号，还需要提供护照的照片。不同的应用程序要求可能不一样，但这一要求基本是一致的。

因为共享单车的便利性，它成了我来中国之后最喜欢的交通工具之一。平时我经常会骑单车去上学，因为骑车不仅可以锻炼身体，还可以让我更加自由地安排自己的路线，欣赏沿途的美景。

有一次我和朋友一起去杭州旅游，我们骑着单车游览了不少风景优美的景点。这可比走路方便多了，而且有时比坐公交车还要快。除此之外，我们还看到有共享电动车了，它比共享单车速度快很多，不过价格也比较贵，而且在骑行的时候要更加注意安全。

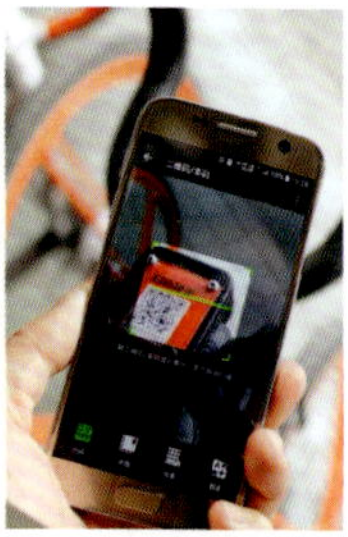

中国的共享单车有很多品牌，例如摩拜单车、哈啰单车、小蓝单车等，它们使用起来十分便利，在许多城市都有投放。

以下是在中国使用共享单车的小贴士以及安全注意事项：

- 在使用共享单车前要先在手机上安装好相应的应用程序，使用支付宝或者微信都可以租车。打开这些软件，扫描一下自行车车头或者车尾上的二维码，就可以给车解锁了。
- 开完锁后，你就可以骑着单车去你想去的地方了，但是，骑车要注意安全，请走自行车道。
- 自行车仅供单人使用，不可载人。请勿损坏自行车，否则要赔偿。
- 骑行计费标准通常是一小时一元，这样即使骑单车逛了很多地方，骑了很久，价格也是十分划算的（有些品牌在一小时之内甚至免费使用）。
- 骑行结束之后，记得要把单车停靠在路边，以方便他人使用。千万别忘了把车锁上，否则会被一直扣费，直到单车被锁上为止。
- 虽然共享单车十分便利，但在中国的部分城市，例如重庆、大连等目前还没有普及共享单车。

姓　　名：卡利克
国　　籍：斯里兰卡
就读院校：南京师范大学
在华时间：4 年
居住城市：南京

中国地铁跟国外有什么区别？

我们都知道中国是一个大国，不仅面积大，而且人口多。所以我来中国之前一直有个想法：中国人那么多，交通肯定非常拥堵。可是，到这里以后我发现跟我想象的不一样。北京的城市交通很发达，特别是地铁系统。近几年，中国在地铁建设上发展很快，中国的地铁速度快，价格低，维护也好。

中国地铁跟其他国家的不同之处主要在于中国对安全的重视程度。地铁刷卡进站之前你需要先通过安检。安检通常有三步：首先要通过一个扫描器，就像在飞机场一样，安检员会进行简单的手工人身检查；其次，如果你带着包，你得把包放在安检传送带上；最后，如果你带了饮料的话，安检员会要求你喝一口。如果一切正常，你就可以进站了。只要没带任何违禁物品，安检一般不会超过 10 秒。

值得注意的是，如果你所在的城市要举行比较重要的会议或者国际会晤，上面说的安检会更严格，检查的时间也会比平时长一点儿。那么，到底哪些东西是违禁物品？枪支肯定是不能带的；小刀、菜刀等有刃的东西都不能带；可燃物和含有压缩气体的物品也是禁止的。不过抽烟的人可以放心，你可以带打火机乘地铁，但你要给安检员看一下。

从外国人的角度来看，在地铁进行的安全检查，特别是包也要接受 X 光检查，会让一些人感觉不舒服，觉得个人隐私遭到了侵犯。但是不要忘记，正是这种安检才使得中国的地铁

如此安全，我觉得用一点点小隐私来换取安全，是完全可以接受的。

几条关于安检的小建议：

- 如果你打算去旅游但是想省下去机场的出租车费，你可以考虑坐地铁。注意不要携带日化用品，如发胶等，你最好把这东西留在家里。
- 地铁上可以带酒类饮品，但是高度酒（40 度以上）不能超过两升。
- 通过安检之后，确认别落下东西，因为偶尔会有小包被卡在检查机里。有一次，我的一个购物袋就卡在机器里了，等我想起来的时候，已经太晚了。
- 万一安检员在你身上或包里面发现了违禁物品，不要着急，你没有犯罪。安检员会收走违禁物品，然后你就可以进地铁站了。如果不想东西被收走的话，你也可以先把东西送回家，然后再回来坐地铁。

姓　　名：高汉智
国　　籍：秘鲁
就读院校：北京语言大学
在华时间：3 年
居住城市：北京、贵阳

外国人能在中国开车吗?

在中国开车并不像看上去那么容易。想要在中国开车的外国人必须回答两个问题：是否有驾照？是否真的有足够的勇气在中国开车？外国驾驶人持有的本国或者国际驾照在中国不能直接使用。申请中国驾照必须通过当地交通管理部门的笔试，但不需要参加路考。对于没有驾照但持有中国居留许可证的外国人，可以申请参加笔试和路考。通过考试后可以在中国申请驾照。

经过这些程序后，下一个问题是驾驶什么车。外国人在中国购买汽车没有限制，但通常新车的价格并不低，如果不打算在中国待很长时间，就没有必要花一大笔钱来买车。虽然买车不是一个大问题，但中国的一些大城市采用车牌摇号制度。这意味着即使你买了车，也不一定会得到一个准驾车牌。

不仅是拿到车牌很难，而且在中国停车很贵，还有很多地方禁止停车。在这种情况下，外国人最好租一辆车，你所需要的只是护照和中国驾照。网上有很多租车平台，如携程、一嗨、神州、瑞卡等。如果你想租车，最好先试驾，这是为了确保安全，避免在开车过程中出现不必要的问题。别忘了租车公司的电话号码。如果你在驾驶过程中发生事故，请先找交警或报警，然后致电租车公司。此外，不要忘记购买租车保险。

接下来是最重要的，也是压力最大的。路上的车很多，你不仅要注意汽车，还得小心其他类型的车辆，比如摩托车、电动车。此外，也要注意行人。不同交通工具之间经常会发生事故和争执，使开车更有难度。很多时候，一些人不遵守交通规则，所以发生违章，并且经常导致交通拥堵。如果你没有驾驶经验，最好不要在人口稠密的城市开车，特别是在上下班高峰期。在这种时间段，如果你突然停下来看路或找方向，后面所有的车都会不停地按喇叭，这会让你更加紧张。

为了避免麻烦，我的建议是不要在中国开车。现在，在路边打车和在应用程序里叫车都非常流行，既便捷，又相对便宜，相比自己开车，打车省时、省力、省钱。

如果你不得不在中国开车，以下是一些建议：

- 到当地交通管理局办事大厅了解如何用本国或国际驾照申请中国驾照。
- 了解中国的交通规则和中国各种路况。
- 交通事故报警电话：122；报警电话：110。
- 中国实行车牌摇号制度的城市是北京、上海、广州、天津、杭州和深圳。
- 租车基本保险只提供基本保障，如果你觉得需要更全面的保障，务必在租车前说明。

姓　　名：达莎
国　　籍：白俄罗斯
就读院校：北京语言大学
在华时间：10 年
居住城市：天津、北京

如何拿到中国驾照？

如果想在中国开车，一定要有中国驾照。想要拿到中国驾照，必须持有有效期内的本国驾照或国际驾照，否则，既要参加获取驾照的理论考试又要参加路考。

中国驾照分为多种类型，从A1级到P级不等。外国人一般需要申请C1驾照。C1驾照涵盖C2和C3驾照的准驾车型，申请者年龄需为18至70周岁。

对于那些已经取得驾照的人来说，如果驾照语言不是英文，最好配有官方认可的翻译。你可以在自己国家提供官方翻译的公证处进行翻译，或是通过大使馆申请驾照翻译。虽然每座城市都有很多车管所，但负责签发中国驾照的主要是总所。北京市车管所总所的地址为朝阳区南四环东路18号。

在北京申请驾照的程序如下：

首先，申请者必须通过北京市公安局公安交通管理局（http://jtgl.beijing.gov.cn, https://bj.122.gov.cn/）指定医疗机构或医院的体检。

其次，注册。你一定要找对地方，并且携带护照、有效期至少三个月的签证或居留许可证、三张护照所用照片的同版照片，居住地派出所盖章的境外人员临时住宿登记表以及现有驾照。在某些地方，还需要填写一份表格，把驾照内容翻译成中文，还需要填写相关申请表。

最后，申请考试。完成注册手续后，你会得到确切的考试日期，之后你必须认真准备。不必担心考试语言问题，除了汉语之外，你还可以选择英语、法语、德语等其他七种语言。有许多关于驾照考试的应用程序、网站和在线平台，你还可以参加模拟考试（https://www.chinesedrivingtest. com/，https://www.tipsforchina.com/files/1500_road_test_questions_FULL.pdf）。

中国的驾照考试内容与大多数国家类似，但仍存在一些细微差异，如交通违章处罚的记分制度、地方道路标志和一般驾驶规范，你必须了解这些差异。

驾照考试的总成绩是 100 分，但需要达到 90 分及以上才能通过考试。考试当天，如果没有通过，可以选择立即参加第二次考试。考试时间 45 分钟，共有 100 个判断对错题和选择题。你可以在显示屏上看到考试结果，如果考试通过，可以在三天之内拿到中国驾照。如果没有通过考试，你需要另选一天重新考试。如果没有国际驾照或本国标准驾照，那拿到驾照的流程和中国公民相同：在驾校学习、完成培训课程、进行路考等。至少需要 3 个月的学习时间，而且费用挺高。

中国与一些国家签订了协议，如果申请人来自比利时或阿拉伯联合酋长国，那么无须申请考试即可拿到中国驾照。驻华使馆工作人员、领事馆和国际组织代表根据外交互惠原则办理驾照。

如果想要拿到中国驾照，这里有一些建议：

- 一定要全面学习，不要只看练习题，理论考试的题目不会和练习题完全一样。
- 中国驾照上用的是你的中文名字，所以填表时你也需要用自己的中文名。
- 自己留一份办理驾照所需的所有文件的复印件。

姓　　名：欧阳
国　　籍：伊朗
就读院校：中国农业大学
在华时间：14 年
居住城市：南京、北京

在中国怎么打车最方便？

到达中国机场后，你遇到的第一件事可能就是打车。对西方人来说，中国的出租车费是很便宜的。最好去指定的区域打车，通常在机场的底下楼层，等在这里的都是合法运营的出租车。

在中国的头几天或头几周，你可能别无选择，只能在路边打出租车。有时候，出租车司机见你是外国人，也可能要高价，尤其是在旅游景点或深夜打车时这种情况最常见。不过，如果你坐的是正规公司的出租车，就没什么好担心的了。上车以后要让司机使用计价器，并且拒绝支付任何额外费用（在春节期间支付些额外费用也正常）。在中国熟悉一段时间后，我建议下载一个打车软件——滴滴出行，再让一个用过滴滴的朋友教你如何使用，这是在中国坐出租车最方便的方式。

滴滴相当于美国的优步，但是比优步更方便，也更便宜。坐滴滴快车，不必担心被多要车费，因为你和司机的手机上同时显示计价里程。滴滴有各种不同的价格选择，如果你想节省一些钱，可以和别人拼车（收费固定，即使途中堵车，也不必额外支付费用）。滴滴拼车服务花的时间可能更长，但如果不赶时间，也没关系，还可以省点儿钱。总体上，滴滴的价格已经很便宜了，在北京，普通出租车起价 13 元，3 公里后根据行驶里程慢慢地上涨。

如果你经常乘坐滴滴，就会注意到很多司机的普通话都很标准。北

京大多数出租车司机都是本地人，因此他们的普通话讲得很好。如果你能说一点儿汉语，出租车司机几乎总是会和你搭讪。他们往往对以下话题感兴趣：你的国籍、你们国家的生活方式、你们的生活和中国的生活有什么不同。这也是提高汉语口语的一个很好的方法，尤其是如果你经常打车的话。

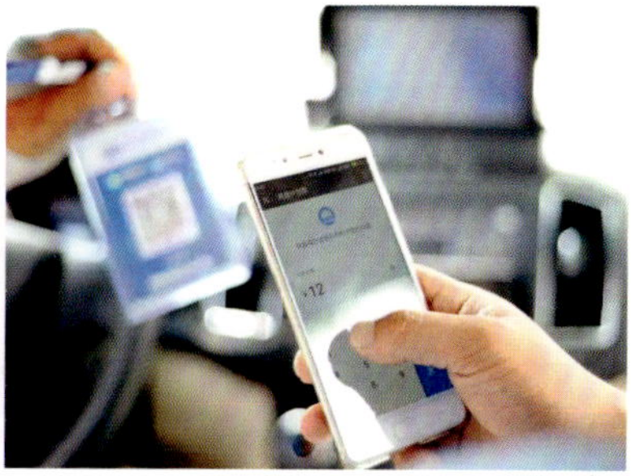

以下是在中国打车的一些建议：

- 最好使用像滴滴出行这样的打车应用程序，可以用微信、现金或支付宝支付，而且不必担心被宰。
- 如果是晚上打车，最好用滴滴。如果你不知道怎么用，可以让朋友帮你约车。
- 要熟悉滴滴程序中的安全措施。尽管绝大多数情况下你不会遇到什么问题，但还是要防患于未然为好。
- 乘坐普通出租车时，一定要非常清楚自己要去哪里。如果司机不确定的话，请用电话上存的地址信息告诉他位置。中国许多地名很相似，小心别弄混了，免得本来要去城东，结果到了城西……相信我，这种情况时有发生。

姓　　名：李云起
国　　籍：加拿大
就读院校：北京语言大学
在华时间：2 年
居住城市：北京

中国公共交通方便吗？

来中国之前，我和很多朋友都知道中国正在快速发展。中国国内交通运输的发展就是很好的例子。以前，我从未想过一个国家的公共交通设施会这么发达，遍布全国。

在中国，使用公共交通比在我们国家更加普遍。因为公共交通便捷准时，人们更愿意乘坐公共交通工具，绿色出行已经成为中国人的一种生活理念。

中国主要的公共交通工具是公共汽车和地铁。可能许多人认为乘公共汽车是浪费时间，因为它速度慢，但对我来说却不一样，我觉得乘坐公共汽车出行不仅不无聊，而且还有其自身的特点和优点。一是中国的公共汽车都非常舒适，冬天有暖气，夏天有空调，这种就像坐出租车一样的服务真是令人惊讶。二是政府致力于发展公共交通，公共汽车班次比较多，候车时间短。三是一些公共汽车内还安装了无线网络，乘客可以使用智能手机，这会让你在路上的时间非常愉快。

在中国的一些大城市，地铁比汽车还方便，而且不存在地面上堵车的风险。相对于公共汽车，坐地铁出行的人比例是非常高的。

对于外国人来说，在中国乘坐公共交通工具的第一个困难是阅读汉字或拼音。如果你刚来中国，不会说汉语，也不认识汉字，你必须向中国朋友寻求帮助，请他们陪你出行，以免迷路。不要觉得不好意思，中国人很喜欢与外国人交流，愿意给外国人提供帮助，你甚至还可以借此机会练习汉语。然而，这并不意味着中国不提供英语服务，在中国公共交通设施上都有英语广播，通知乘客当前和下一站的名称。

至于公共交通的费用支付问题，你只要扫描二维码支付就可以乘车。如果手机上没有电子交通卡，可以用现金支付或在任何地铁站购买交通卡。如果卡里的钱用完了，需要重新充值，只需把它放在手机上，然后

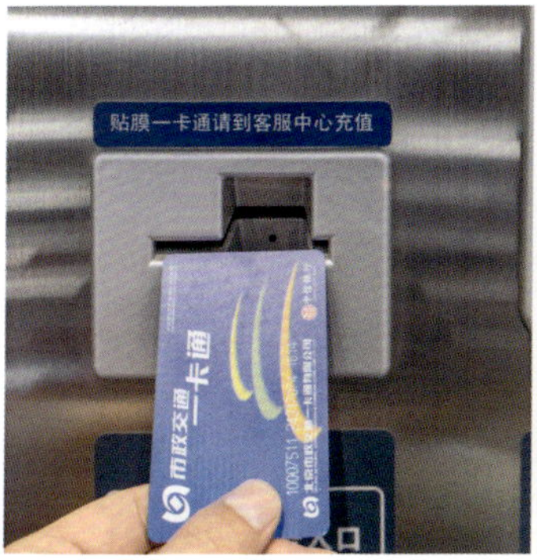

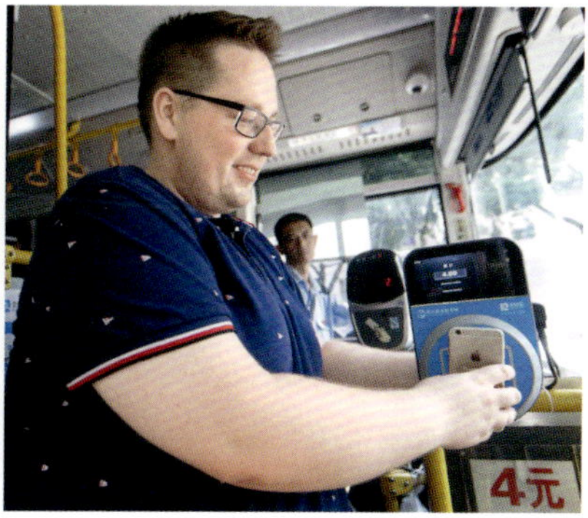

用支付宝充值。如果这种方法没有用，最好的办法就是在当地地铁站充值。

一些建议要记住：

- 可以下载应用程序“车来了”，查看各路公共汽车的确切到站时间。
- 戴上耳机，因为很多人乘坐公共交通工具，车里很吵，如果能听一听音乐，把噪声屏蔽掉，时间会更容易度过。
- 不要担心回家太晚或早上出门太早，有夜间和早间公共汽车线路分别在深夜和清晨运营。
- 如果使用公交卡支付，下车时一定要再次刷卡；如果忘记刷卡，下次刷卡时会收取全程的费用（通常需 5 元人民币）。
- 乘车前请确保公交卡已充值，以免因不能支付交通费用带来不必要的麻烦。坐地铁则不用担心，因为可以直接在地铁站充值。

姓　　名：花语嫣
国　　籍：土库曼斯坦
就读院校：天津理工大学
在华时间：3 年
居住城市：天津

有了导航就能顺利找到你要去的地方吗？

让我先来说说我第一次踏入北京的体验。当时为了“安全出行”，我选择了个人认为最有保障的方式——出租车。一上车，我就向出租车司机说明了要去的地方，然后看着他自信的表情，我瞬间感到中国的司机果然行遍天下，离机场那么远的地方他都晓得。

系好安全带之后，他滑开手机，打开高德地图，输入了我刚才说的目的地，然后全程依照高德地图的指示把我安全送达目的地。这时候，我终于体会到了北京之大，也意识到高德地图可以作为出行的最佳伙伴。

后来，当我尝试搭乘公交车和地铁时，同学介绍我使用百度地图。让我惊讶的是，百度地图上所显示的步行距离、地铁或公交车的抵达时间、全程耗时等几乎都准确无误。同时，百度地图还提供多条推荐路线，可以依照个人偏好进行选择，如耗时较短、少换乘或少步行。这是我出游过的许多国家当中少有的便利，百度地图也因此成为我后来到中国各个城市旅游时使用的首选软件。与此同时，百度地图还提供步行、骑行、自驾的导航，其精准度也让我叹为观止。

高德地图和百度地图的最大优点就在于，你可以使用拼音输入法、英文输入法或中英文语音输入法来搜索目的地。其次，两个系统实时更新，这让在中国生活了十年的我极少遇到因导航问题而偏离目的地的情况。

有了导航软件，我就能顺利到达我要去的地方吗？是的！在中国，只要保证足够的网络流量，再下载高德地图或百度地图，你就可以知道实时路况、哪条路需要收费、前方是否有监控等，更重要的是，导航可以将你顺利带到你想要去的地方。

几条建议：

- 高德地图在高峰时段偶尔会出现无法实时更新的情况。
- 若途中语音导航出现停滞，需要退出后再次启动。
- 高德地图和百度地图的自驾导航系统都设有躲避拥堵的选项，还会提醒你每个区域的限速。
- 使用导航软件搜索公交出行方案时，软件会给出用时最短的方案，同时也会提供其他出行方案。你的选择主要取决于你想乘公交还是地铁，想少步行还是少换乘，等等。

姓　　名：沈薇利
国　　籍：马来西亚
就读院校：北京语言大学
在华时间：11 年
居住城市：北京

我应该坐飞机还是坐火车？

在中国旅行，坐飞机还是坐火车更好？的确，高铁很方便，这一点已经是大家公认的。去中国任何地方旅行，几乎都可以乘坐高铁。如果没有直达的高铁，也会有在附近经停的。去一些小城市旅行，乘坐高铁会特别方便，尤其是没有机场的小城市。生活在中国，你会发现有很多地方值得去，但有些地方可能没有机场，或者是机票相当贵，这时候，乘坐高铁就是一个很好的选择了。

或许你想要问，坐高铁会比坐飞机快吗？如果去一个比较近的地方，那么高铁是最好的选择，很快会到达目的地，又省去了机场安检和托运行李的麻烦。你也可以乘坐夜间的火车，虽然路上时间长一些，但可以节省白天的许多时间，还省钱。在火车发车前大约半小时到达火车站，就来得及上车；但如果不熟悉中国的火车站，还是早点儿出发为好。到达目的地后，可以直接出站，无须像坐飞机那样下机还得等行李或办理相关手续。

虽然乘坐火车不像乘飞机那样程序烦琐，并能节省许多时间（进火车站也要安检，但是比机场快多了），但如果去的地方较远，那么乘坐飞机可能会更舒适、快捷。中国是一个大国，有许多名胜古迹，其中一些景点可能很远。虽然多数情况下乘飞机贵一点儿，但能节省时间。有时机票甚至可能比火车票还要便宜，这取决于你在一年中出行的时间。

最近，我利用春节期间去了趟杭州，去程坐飞机，回程坐高铁。老实说，这两种交通方式花费的时间都差不多。办理完乘机的所有手续后，大概和乘坐高铁的时间不相上下。除了花费的时间相似外，费用也没有太大差别。不过，如果你要去一个小地方，想先坐飞机，再坐火车，我认为就不如全程坐火车了。通常，机场离火车站都很远，由飞机再转火车是费时费钱。

在选择乘飞机或火车旅行时，请记住以下几点：

- 在决定乘飞机还是坐火车之前，一定要考虑到目的地的远近，还需要弄清楚票价和出发时间。
- 弄清楚目的地城市机场和火车站的位置。机票有时可能会便宜一些，但乘出租车到市区的费用可能会很高。
- 考虑抵达目的地后将前往何处，以确定哪种交通方式最方便。
- 如果在假期旅行，通常应提前一个月预订火车票。如果不确定旅行日期或没有及时购买火车票，那么乘飞机旅行可能是最好的甚至是唯一的选择。

姓　　名：李云起
国　　籍：加拿大
就读院校：北京语言大学
在华时间：2年
居住城市：北京

高铁有多快？

第一次坐高铁时，我还不知道自己坐的是高铁。那是 2009 年，我来中国刚几个月。寒假期间，我去上海旅行，并从那里前往苏州。按照旅行指南所说，火车行程大约需要两个小时，所以我买了一些零食，拿了一本书，开始在火车上看。当火车停下来的时候，离开车还没到半个小时，但我就看见站名写的是“苏州”。起初，我以为这是重名，但看了一下车票，发现这的确就是我的目的地，于是我赶快把自己所有的东西拿了下来。下了火车我还是一头雾水。为什么两个小时的行程只用了半个小时？坐在火车上的时候，好像也没有感觉比正常火车速度快呀！我一边想，一边看着另一列火车全速驶过车站，这时我才知道自己坐的是高铁，而且还是第一次坐。

中国拥有世界上最大的高速铁路网，高铁线路四通八达，连接全国人口众多的城市，乘客能够快速、经济地进行长途旅行。例如，从北京到上海 1000 多公里，高铁只需四个半小时就能到达，甚至从北京去中国最南端的深圳也仅需八个小时。

高铁非常现代、高效且准时。换句话说，就像坐飞机旅行一样，甚至比坐飞机还好，因为高铁上还可以使用你的手机流量或免费的 Wi-Fi 上网。每个座位都配有电源插座和可伸缩的小桌板，吃饭或使用笔记本电脑都可以。座位过道空间也挺大，可以自由活动，座椅也比飞机更宽敞、更舒适，还可以欣赏沿途风景。

如果比较高铁和飞机花费的总体时间，其实没有太大的差别。例如，从上海到北京的飞机大约需要两小时，但你必须提前两小时到达机场；而坐高铁从上海到北京虽然需要耗费四个半到五个小时，但只需要在出发前半小时到达车站即可。火车站也通常建在市区，所以能节省时间，

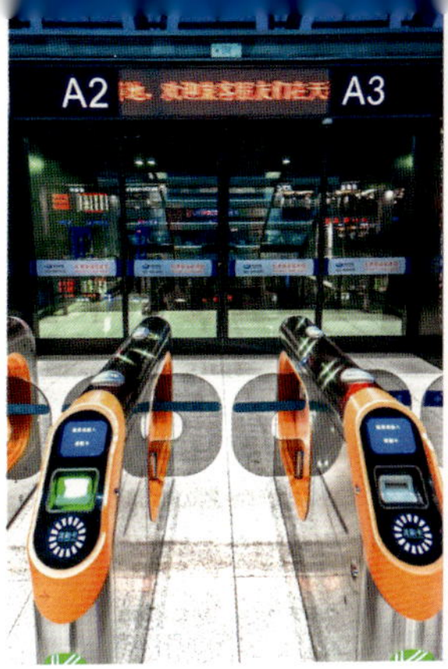

不像折腾到机场那样耗费时间。此外，在乘火车旅行时，不必浪费时间托运行李，也不用到站时取行李，只需随身携带即可。在大城市之间乘坐高铁时，也有许多发车时间可供选择（例如，从北京到上海，大约每十五分钟发车一次）。

乘坐高铁的一些提示：

- 购票、取票、上车时必须出示护照。
- 虽然火车上也卖食物、水和水果，但价格要贵得多，所以最好自己带点儿零食。
- 火车上有免费的热水，最好带一个小保温杯。
- 每站只停留几分钟，中途不要下车。当然，到达终点时也不要忘记下车。
- 留好车票，因为出站时要用。
- 退票和改签很方便，但是比起机票，要提前较长时间，因为中国的火车票便宜，很快会售完。

姓　　名：罗琳
国　　籍：智利
就读院校：北京语言大学
在华时间：6 年
居住城市：北京

乘坐高铁是什么体验？

中国高铁的基础设计速度不低于每小时250公里，而平均时速是300公里，最高可以达到350公里。至于目前最引人注目的上海磁悬浮列车的速度则可以达到每小时501公里。

虽然高铁的速度非常快，但身在其中只会有微微晃动的感觉而已。不仅如此，前后座位之间的距离也比大部分民航飞机更加宽敞、舒适。每个等级的感受也要比飞机舒适一些，还没有气流颠簸的问题。有趣的是，高铁上的座椅可以转动方向。多人出游时，座椅可以调成面对面的方向，方便朋友或者家人一起聊天儿、吃喝或玩儿棋盘游戏等。

提到吃喝，高铁上有一节车厢是餐车，方便乘客购买饮料和食物。当然，若你不想起身走到餐厅，高铁上也会有服务员推着手推车，穿过每一节车厢来售卖食物和饮料。你一上车后就可以买自己想买的东西，因为东西很快就卖光也是常有的事。

正因如此，中国的高铁还非常接地气地推出了外卖服务。只要提前在高铁的官网上查询车次，便可查询每一个停靠站所提供的外卖服务。

预订和付款成功后，当高铁停靠在你预订美食的那一站时，乘务员就会为你送上外卖。

我对中国高铁的评价是：中国高铁比飞机还便宜，比飞机还准点，价格比动车和快车稍高，但更方便快捷。这是一趟比快车和动车多费一点儿钱，就可享受如同飞机豪华舱般舒适体验的旅程。

几条建议：

- 可上官网 www.12306.cn 提前预订高铁车票和外卖。
- 外国人第一次搭乘高铁时，务必提前到高铁站的身份核实窗口去核实护照信息。
- 外国乘客无法在自动取票机上取票，因为取票机只能刷中国二代身份证。外国人只能到人工窗口，凭护照取票。
- 高铁在出发前 3 分钟停止检票，所以得在停止检票前刷票进站。
- 高铁票有一次免费改签机会，可在高铁出发前更改（具体条件可在官网上查询）。

姓　　名：沈薇利
国　　籍：马来西亚
就读院校：北京语言大学
在华时间：11 年
居住城市：北京

你愿意坐火车旅行吗？

火车是我在中国最喜欢的交通方式，我尤其喜欢“火车”这个中文名称。如果按照字面理解，“火”就是“着火”的火，“车”的意思不言而喻。看这个名字好像是“着火的车”，是不是很有意思？

坐火车旅行可以使你更深入地徜徉在中国文化中。中国有着丰富的景观、建筑、文化和风俗习惯，是一个值得探索的国家。中国庞大的铁路交通系统会为你深入了解和体验中国文化提供便利。而且，我喜欢在火车上与中国人交流，他们对外国人非常友好，很容易和他们交朋友。

我最喜欢的旅行当属从北京到拉萨的旅行，这趟火车又名“驶向世界屋脊的火箭”，在穿过4000米高的山脉和其他许多壮观的景观时，海拔逐渐升高。整个行程大约4000公里，耗时47小时。

当然，中国幅员辽阔，路上花费的时间有时候是令人生畏的，可是坐火车很舒适，所以尽管距离远，并不感觉太累。另外，火车上有足够的活动空间，可以躺下来（在卧铺上）休息、读书、听音乐，或者和其他乘客交谈，练习汉语，甚至什么都不做，干脆只是欣赏风景。

如果你想坐火车旅行，给你一些建议：

- 中国的火车类型很多，速度差别比较大，同样的行程价格差异也很明显，车越快也就越贵。从最快到最慢使用字母G、D、C、Z、T、K进行分类。前三个字母对应高速列车，其他是普通列车。
- 普通列车票价比高速列车便宜很多。座位分硬座、软座、硬卧、软卧几种，硬卧和软卧可以躺下来休息。
- 超过5小时的行程千万别坐硬座。有一次我从北京去西安，坐了13个小时硬座，下车后全身酸疼。
- 性价比最高的是硬卧。夜间乘车的话，还可以节省一晚酒店住宿费和一天的交通费。
- 大城市里的火车站不止一个，所以要弄清楚到底去哪一个车站乘车。通常按基本方位区分：北边的就是北站，南边的是南站，西边的是西站，东边的是东站。
- 要提前到达车站。虽然最多提前一个小时足够了，但进站时间最好提前些，以防万一。火车站很大，不容易辨清方向。有些时候，特别是节假日，火车站到处都是人。
- 行李不用单独托运，随身携带就行。
- 在一些普通火车上，乘客可以在车厢连接处吸烟，所以最好选择车厢靠中间的铺位或座位。
- 在车站买票时，务必用中文写清目的地名称、喜欢的座位类型和出行的日期（按年、月、日顺序），还要携带护照和现金。

姓　　名：罗琳
国　　籍：智利
就读院校：北京语言大学
在华时间：6年
居住城市：北京

什么时间不适合在中国旅行？

为什么旅行时间选择如此重要？因为四时风景不同。许多风景如画的自然景观要比毕加索的油画壮丽得多，即使是最美丽的油画也不过是画布上的几滴油彩而已。

首先，请相信我，不要选择在中国的任何一个节日或庆典期间旅行。即使你以前遇到过庞大的人群，感觉没什么大不了，但春节期间长城上的人潮也一定会让你震惊。很简单，因为中国是世界上人口最多的国家。中国人喜欢旅行，也经常旅行。但一年中普通人外出旅行的机会不多，所以他们会尽量利用节假日出去旅行。在这段时间，即使提前购票，票也可能更贵或很难买。当然，如果你也和大家一样只能在节假日期间出去旅行，那么可以去一些冷门的旅游景点。

除了考虑何时旅行外，在制订旅行计划时还有许多其他因素需要考虑，其中之一是气候和季节。海南、广东、福建和广西等是避寒过冬胜地，适合冬季旅游。云南是特例，这里地势平缓，四季如春。而黑龙江有引人入胜的美丽北国风光，冰雪覆盖的森林和草原遍布全省，简直可以说是冬天的仙境（不过要注意，因为当地气温会降到很低，那些不耐寒的人可能受不了）。

除了温度之外，还应该考虑日光、雾或任何可能限制观赏美景的因素。总之，出行之前应该仔细查看天气。比如：出于安全考虑，哪些天气因素会导致公园管理处关闭一些观光路线？什么能使风景看起来更美呢？是白雪、薄雾，还是光芒四射的阳光？

发挥你的想象力，提前设计，查阅你计划到访地方的照片，确保你在最佳季节去参观。中国很美，的确值得一游，但是要尽可能地选择合适的时间去合适的景点。如果你选的季节不对，或者天气不好，原本的美景就欣赏不到了；如果选对了时间，则可能会留下一段难忘的记忆。

以下是基于我个人经验的一些建议：

- 旅游景点是分等级的，如5A级、4A级等。多亏了分级，你才能知道哪些地方会不那么拥挤，但同时它们也可能不那么令人印象深刻。
- 提前上网查看所有节假日和休息日。
- 如果决定在节假日期间旅行，一定要从官方售票处购买各类车船票及景点门票。
- 在决定去哪里旅行之前，先弄清楚什么季节去最好，要看什么景色。如果想在旅游旺季去，就要做好人多拥挤的心理准备。
- 最好在多数人上班的时候出去旅行。

姓　　名：柯珉豪
国　　籍：波兰
就读院校：南京师范大学
在华时间：8个月
居住城市：南京

在中国什么时间旅游好？

在中国，想找一个既适合在校学生，又适合上班一族旅行的好时间，通常很困难。就风景而言，全年都有好地方可去，但问题在于游览景点的人太多了。中国很大，有许多文化和风景胜地可以欣赏，可是游人多得简直让人无法忍受，尤其是节假日期间。

如果想利用假期旅游，最好是选少有人走的路线，去大多数中外游客不太去的地方。中国有很多东西可以体验，不要只盯着大城市和著名的旅游景点。去小村庄或小城镇反而可以近距离地了解中国文化，而且当地人通常也非常热情友好。我曾经在中国南方一座孤山脚下的道观免费用过斋饭。这样的地方远离尘嚣，景物浑然天成，异常宁静。在这里，你用不着在人群中挤来挤去，争抢着去拍照，也不会因人群熙攘、人声嘈杂而不得安宁。

如果真想在节假日期间去一个比较火的旅游景点，就必须做好人多和排长队的心理准备。春节、清明节、中秋节和国庆节等节日可能是最不适合在中国旅游的时间段。如果你是个学生，暑假和寒假期间，虽然气候不是最理想的，却是比较好的旅游时节。因为在此期间，大多数中国人还在上班，没有时间出来旅游。考完试后的头几天交通都很拥挤，因为许多学生要返乡，但过了这段时间就好多了。所以，学生要想旅游，最好提早弄清楚上课和考试日程安排，据此计划好假期安排。

以下是给喜欢旅游的人的建议：

- 在中国旅游，最好提前一个月就制订计划并预订机票或火车票。节假日火车票卖得特别快（最早可以提前一个月买票）。
- 尽量利用寒暑假去比较火的旅游景点；一些不太火的地方，可以利用法定假日去。
- 节假日期间旅游要注意安全，由于游客众多，不仅拥挤，而且有时会发生危险。譬如爬山时，如果人很多，尽量不要靠近山崖边。
- 如果不介意人多，清明节和中秋节也是旅游的大好时节。春秋季天气很好，此时的风景也最怡人。
- 对中国的不同旅游景点做一些调查，你就会发现一年四季都有很多好地方可以去。虽然有的地方冬天旅游不合适，但在中国，也有一些非常适合冬季旅游的地方。
- 在中国旅游也是提高汉语水平的好办法。

姓　　名：李云起
国　　籍：加拿大
就读院校：北京语言大学
在华时间：2 年
居住城市：北京

如何解决出行中的语言障碍？

中国地大物博，语言文化底蕴深厚，吸引了许多外国人想来此一窥究竟。

语言不通是人们前往异国他乡时最担心的事情。现今科技发达，翻译软件的功能越来越强大，已经在很大程度上解决了出行或生活中的语言障碍问题。

中国的沟通媒介以汉字汉语为主。为了方便更多的外国人在中国无障碍生活，中国绝大部分旅游景点、办公大楼、街道、服务行业等已经逐渐普及双语标识，甚至提供在线或人工双语服务。

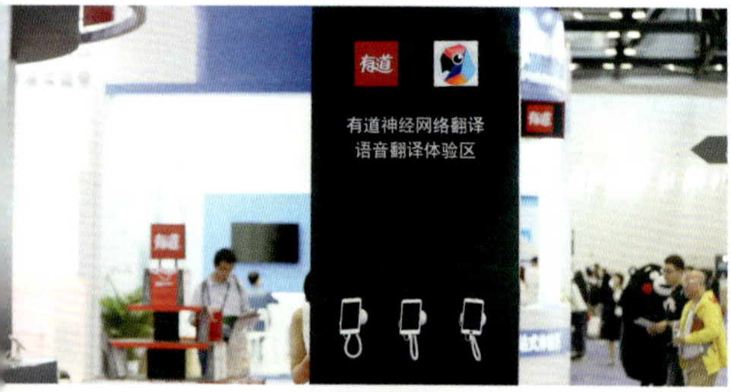

在交通方面，目前主要城市的地铁标识、站名报站等双语服务较为完善，而公交车的语言服务还没那么普及。目前首都北京的公交站牌依然有很大部分只标注汉字的站名，所以想搭乘公交，除了每一次出行前祈祷公交站会有其他乘客在场以便询问之外，更应该提前使用网络地图，如高德地图或百度地图，查询每一站的中英文站名，上车时请司机或乘务员在即将到站时提醒你下车。

此外，越来越多的旅游景点开始推出双语导览，银行和政府机构开始推出双语服

务，各公众场所开始提供双语标识，可见中国正努力解决外国人在中国的语言沟通障碍。但这种服务在许多小城市和偏远地区依然没有普及，旅行中因语言不通带来的困难也仍然存在。因此，建议出行前最好备有翻译软件，如有道翻译、Pleco 等，以备需要询问时及时派上用场。

我在中国生活十年了，个人感觉是：虽然解决出行中沟通障碍的语言服务还不够完善，但每到一处都会有很多好心人愿意提供帮助。

温馨提示：

- 偶尔会有链接不上 Google Translate 的情况，建议同时下载百度、Pleco 等翻译软件。
- 如果您手机有流量或有可用的无线网络，有道在线（http://fanyi.youdao.com/）、爱词霸（http://fy.iciba.com/）也是不错的选择。
- 在中国的大中城市，很多中小学生及年轻人都能讲英语，所以遇到购物、点餐、问路等问题时可以向他们寻求帮助。

姓　　名：沈薇利
国　　籍：马来西亚
就读院校：北京语言大学
在华时间：11 年
居住城市：北京

在中国旅行安不安全？

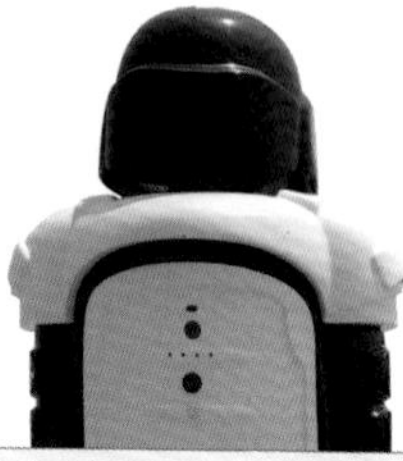

如果有人问我：“在中国旅行安不安全？”我的回答是肯定的：“很安全！”

如果你游历过许多国家，便会注意到一个国家与另一个国家的相似之处，也能体会到各国之间的不同之处。中国与其他国家最大的不同之处在于总会让人有一种安全感。我到过许多国家，欧洲的亚洲的都有，最近还去过澳大利亚。就治安而言，中国是很值得称道的。

我在中国待了几年，游历过不同的城市，有北方的北京和天津、西部的西安、南方的深圳，以及靠近东海岸的上海。这些城市治安都很好，让人感觉很安全。在这些城市旅游的时候，我从来都不用回头观望，看身后是否有坏人；也没收到过提醒要远离哪些地段。诚然，上述城市不是每一个地段都同样繁华，但是每一个地段都同样安全。

中国政府很重视治安问题，也为此做了大量工作。我还记得自己在北京第一次乘地铁的情景，那感觉像在机场进行安检，我携带的大包小包都要放上传送带进行 X 射线检查，以排查是否携带管制刀具等危险物品，每个人也要过探测门进行身体检查。这看起来过于严格，但我确实从来没有听说过有谁在地铁上被袭击。从那以后，我又多次在不同场合体验过中国的治安措施。有一次，我一个朋友把手机落在北京的出租车上了，但幸运的是，我们找警察帮忙调出了下车地点附近道路的监控录像，查到了出租车车牌号，最终找到了乘坐的那辆出租车。

中国是世界上人口最多的国家，社会治安却维持得井然有序，这不得不让人佩服。作为一名学生，我太喜欢在中国学习的这种安全感了。我的家人肯定更喜欢，因为虽然我在地球的另一端，和他们远隔千山万水，他们却一点儿都不用担心我的人身安全问题。

如果你以前没有来过中国，我给你一些建议：

- 虽然中国治安总体上较好，但是也肯定会存在犯罪现象。虽然不必担心遭到袭击（中国几乎没有发生过枪支暴力），但还是小心为妙。
- 在中国生活，诈骗现象偶有发生，要当心。诈骗也是最需要注意的问题。
- 乘坐地铁、进入火车站或参观博物馆前都需要安检。
- 乘公共汽车不需要安检，如果时间充裕，可以选择乘公共汽车旅行，既安全又经济实惠。
- 深夜出行要小心，尽量别乘坐没有正规运营执照的出租车（可以选择滴滴出行）。
- 遇到紧急情况时可拨打求助电话：匪警 110；火警 119；医疗急救 120；交通事故处理 122。以上电话都是免费拨打的，而且都有英语语言服务。
- 遇到危险要报警，因为警察可能刚好在搜寻这些不法分子。中国的城市里每隔几个街区就会有一个派出所。

姓　　名：林霜
国　　籍：丹麦
就读院校：北京语言大学
在华时间：7 年
居住城市：北京

中国有哪些必看景点？

提到中国的必看景点时，人们几乎总是推荐北京的长城、西安的兵马俑、上海的外滩等等。这些景点都很好，有时间的话应该去看看，但也有许多同样很好却被忽视的景点。中国是一个大国，拥有数百个这样的景点，都值得去看。中国也有着丰富而多样的文化，即使是相邻的县在文化和方言上也存在差异。很多留学生都是利用假期时间游览中国的，我也不例外，每年都会抽时间去一些新的景点看看。

做旅行计划时，确定一条既能游览著名景点又兼顾普通景点的旅行路线，也不费事。著名景点往往令人流连忘返、印象深刻，但我得告诉你，旺季时你不得不面对潮水般的人群。如果增加一个普通景点，不但可以调节你的行程，而且你还不用每天穿梭于人海中。虽然不能一概而论，但有些普通景点的景色能和著名景点不相上下。中国不少这样的地方都让我记忆深刻。

中国的生活给我留下了很多难忘的记忆，其中一些已经嵌入脑海的就是我在旅行中亲近大自然的时刻。有一次，在游览完西安兵马俑和华山之后，我用剩下的行程时间去了附近被群山环绕的汉中市。汉中有一个朱鹮（一种非常珍稀的鸟，濒临灭绝）保护区，我和当地的朋友决定去附近看看，希望能在野外看到朱鹮。我们驾车走上一条进山的窄路，开了一段时间后，我们决定放弃，掉头回家。当我们停在一个小湖边拍照时，一只朱鹮正好展翅掠过我们头顶，射出一片耀眼的粉红光芒。虽然这段经历很短暂，却让我们惊叹，也给我们留下了难忘的回忆。远离中国人口众多的城市，你会发现有大量的天然美景可以欣赏。

以下是在中国期间选择参观地点的一些建议：

- 必须对各景点进行研究，你会发现很多可能从未听说过的有趣的地方。
- 提前做好攻略，尤其是如果打算节假日期间去热门旅游景点的话，一定要早做准备。如果是去一些不太知名的景点，晚一点儿计划也可以。
- 旅游的地点可以多样化。如果你真的想体验中国文化，不仅可以去名气大的景点，还可以去一些客流量少的地方。
- 走出城市，去一些山区和各种自然公园。我游览了中国五岳中最著名的三岳——泰山、华山和嵩山。每座山都有其不同的历史和风景，都值得一看。
- 武当山旅游的人不多，一年四季都很美，可以从西安坐大巴过去。最好住在半山腰，第二天早上 5:30 出发，到山顶看日出。事实上，除了我和几个朋友，一路上也没看见别人。在如此宁静的地方，让人感觉与自然融为了一体。

姓　　名：李云起
国　　籍：加拿大
就读院校：北京语言大学
在华时间：2 年
居住城市：北京

如何筹划好中国之旅？

自 2013 年来到中国，我已经在北京住了六年了。我觉得在中国旅行是一件很轻松、很有趣的事。

旅行要考虑的关键因素有四个，即交通、语言、住宿和行程。在中国，如今这些都不是问题。如果是市内旅行的话，有很多方便快捷的出行方式，可以坐公交，也可以打的或坐地铁；如果是长途旅行，可以乘坐动车、高铁或飞机。说实在的，语言障碍并不是一个不能克服的问题。你不必担心，在中国你很容易就能获得英语的信息，因为中国现在很多年轻人都能说一点儿英语。此外，还可以借助翻译应用程序来解决。最重要的是，有很多旅游的应用程序可以帮助你找到性价比高的酒店和餐馆等，帮助你设计自己的行程，使旅行更富有个性化和趣味性。

有一段非常美好的旅游经历让我现在仍然记忆犹新，在这里给大家分享一下。我联系了一家旅行社，请他们为我和朋友们设计一次为期两天的炫酷一点儿的北京郊区的旅行。这次活动的特别之处就是，我们要睡在世界上最具历史意义的人工建筑旁。

总的来说，我们在长城边上露营了两天。第一天早上，我们上了公共汽车，朝长城进发。到达后，我们徒步到营地，并在那里吃了午饭，拍了些照片留念。傍晚时分，我们看日落西山，然后回到营地，又喝了几杯啤酒，我们一边唱歌一边海阔天空地聊着。因为远离市区，所以满天星斗看得非常清楚，观测星空也成了这次露营最难忘的经历。第二天我们出去散步，上午 11 点左右上了公共汽车，返回市区。这次旅行不仅精彩而且非常便宜，安排得也很好。

美妙的旅行是体验中国社会、文化、生活最重要的途径。熟悉了中国的生活，你就能像当地人一样利用公共交通，再学会利用手机上的智能应用程序，你在路上遇到的任何问题都可以迎刃而解了。

为了将来你能够更好地在中国旅行，请牢记以下建议：

- 学习一些基本的普通话。如果你有求于人的话，说普通话他们更容易了解你的问题，也更愿意帮助你。
- 下载中文学习应用程序。我真的很喜欢 Pleco 这款学习软件，这是我六年前来中国时使用的第一个应用程序，现在我还在用，方便易学。虽然中国很多年轻人的英语都不错，但你永远不知道什么时候就需要用中文。
- 对人友善，中国人总是很乐意帮助外国人，和他们接触时，一定要面带微笑并保持礼貌。
- 要随身携带一些现金。虽然在当今中国手机移动支付已经非常普及，但是，旅行时可能没有机会给手机充电，所以随身携带一些零钱以备不时之需。
- 在旅行前，最好制订清晰而简洁的计划，这样旅行会更顺利，并且遇到问题的风险也会降低。

姓　　名：李灿
国　　籍：哥伦比亚
就读院校：北京语言大学
在华时间：6 年
居住城市：北京

如何安排一趟超值旅行？

“世界那么大，我想去看看”是时下中国流行的口头禅。说起旅行，现在的年轻人更偏向于自由行。因此，如何策划一场舒适、自由、安全又经济实惠的旅行，成了负责策划旅行的人的最大挑战。

首先，参考和借鉴他人的旅游攻略和体验是策划一场成功旅行的开始。百度经验和马蜂窝是值得参考的网站。其次就是交通工具的选择和路线的规划。百度地图能够提供多样的出行路线并能准确预估所需的时间和费用，而且操作非常方便，是我个人在策划旅行时的首选，甚至可以说是唯一的选择。同时，它还提供不同的出行模式选项，如出租车、公交、地铁、步行、骑行、自驾。此外，还可以浏览中国铁路官网（www.12306.cn），查询合适的时间、车次和价位。

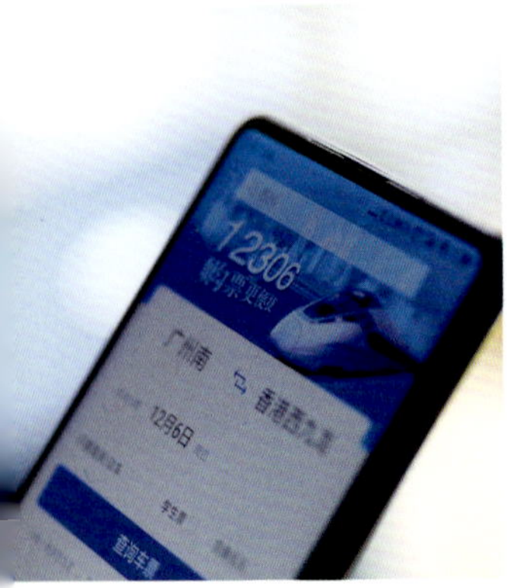

住宿也是旅行中非常重要的一个环节，其地点、价位、舒适度、干净度、房型、床型等，可以按照个人的喜好决定。此时，马蜂窝、去哪儿网、天巡、携程、飞猪、艺龙、同城旅游等旅游网站便可派上用场。

游客可通过这些网站，根据自己的要求搜索符合条件的宾馆。另外，也可以通过各大旅馆、连锁酒店、星级酒店、爱彼迎（Airbnb）民宿或青年旅舍的官方网站直接预订。

预订酒店时，千万别忘记查看该宾馆、酒店、民宿或青年旅社等是否可以接待外宾。由于政策原因，许多民营的宾馆、民宿或青年旅社等无法接待外宾。因此，在选择的过程中要多留心，以避免造成金钱的损失和不必要的麻烦。

几条建议：

- 借鉴他人的经验和路线规划，记下想去的地方。之后通过百度地图、中国铁路网和旅游网站的相互搭配来查找最合适的宾馆和交通工具，以便达到最省时、省力和省钱的“超值”效果。
- 预订酒店前可向前台仔细咨询有关接待标准及设施设备的情况，如是否24小时提供热水、房间有无空调、是否有禁烟规定等。
- 提高安全意识可防止财物被盗及人身伤害。外出或睡觉时，记得锁好门窗。贵重物品建议随身携带，切忌留在房间内。

姓　　名：沈薇利
国　　籍：马来西亚
就读院校：北京语言大学
在华时间：11 年
居住城市：北京

跟团旅行是怎样一种体验？

我在中国的第一个长假就是国庆黄金周（每年 10 月国庆节前后的一周假期）。黄金周期间，别人告诉我要避开热门旅游景点，因为游客会非常多。那时，我只学过一些最基本的表达，还几乎无法用普通话说出一个像样的句子，只会说“我叫阿西”“我来自南非”“请”“谢谢”等等。因为自己的口语能力有限，甚至有问题时都不知道怎么问别人，所以我当时基本上就在北京的街道乱逛。有时在北京的胡同里或其他地方迷路也觉得很有趣，但是我不太敢去其他省份。当我发现有专门为那些想探索中国和结交新朋友的学生组织的团体旅行活动时，你可以想象我有多兴奋。

微信是你在中国必装的社交应用软件。我就是通过微信听说有旅行活动的，然后我用微信支付了旅行费用，微信是每个参加旅行的人在见面之前更好地了解彼此的完美平台。旅行开始了，我离开北京，远离了大城市的喧嚣。这是一次很好的休息和放松的机会。内蒙古的大草原让我想起了南非村庄周边的群山。在内蒙古的这段时间再一次让我看到了中国的辽阔和文化的多样。我们睡在蒙古包里，骑马在草原上探险，吃了好多羊肉串。我甚至还在戈壁沙漠里和几只性情温顺的骆驼一起玩儿起了自拍。

因为刚到中国不久，那次团体旅行活动正是我所需要的。这段经历也让我认识到，我对冒险的渴望远远超过了我对进入未知世界的恐惧。几个月后，我很高兴地发现，在中国旅行很方便，绝对不是我想象的那样令人望而生畏。使用诸如“携程”和“去哪儿”这样的应用程序，预订机票和火车票都非常简单。我下载了“携程”的英文版。第一次使用“去哪儿”时，我请一个中国朋友帮忙，我操作，让她在一旁看着，后来我每次都请她坐在我旁边，直到我有足够的信心独立完成操作为止。

截至目前，我在中国走过了十多个省份：去过遥远的西部，领略了新疆天池的壮丽景色；去过南部的云南省，在西双版纳傣族自治州与当地人一起跳舞，与大象一起洗澡；还去过东部的山东省，在那里我吃到了一些德国菜，还在青岛的海滩上悠然漫步。我发现，旅行经历越多，行程规划就越容易。

如果想在中国旅行，而汉语又说得不太好，可以考虑以下建议：

- 下载翻译应用程序 Pleco，这是一个非常有用的中文应用程序。
- 学习一些在旅行中会用到的最基本的用语。
- 把你想去的地方用中文写在纸上，给出租车司机看。
- 请下载各城市的地铁线路图以及高德地图或百度地图应用程序。
- 如有需要，可随时向导游和旅行团其他成员寻求帮助。

姓　　名：葛若水
国　　籍：南非
就读院校：北京语言大学
在华时间：3 年
居住城市：北京

在中国旅行选择什么样的酒店好？

住宿是旅游出行中一个十分重要的环节，计划好行程，预订好酒店，才能保证一趟完美的旅行，特别是在旅游旺季这一环节更为重要。

现在人们大多通过旅游网站或者应用程序预订酒店。每次预订酒店，我首先要考虑入住人数、出行预算、停留天数等具体情况。如果只有自己一个人的话，为了省钱，我会优先选择青年旅舍。青年旅舍不仅价格便宜，而且住在这里还可以跟其他游客交流沟通，结交朋友。对我来说，只要有个地方能舒服地睡觉就行。但是，跟爱人或朋友一起旅游就不一样了，这时要考虑每个人的喜好和安全。因此我建议，哪怕是多付些钱，也要找“如家”“汉庭”这样的经济型连锁酒店。

预订酒店的应用程序有不少，我常用的是“携程”和“安可达（Agoda)”。携程旅行网是中国领先的酒店预订服务中心，价格一般比其他海外应用程序都便宜，提供的酒店也多。可是有时候携程提供的酒店价格也不一定实惠，而且有的酒店还不接待外国人入住。安可达是全世界旅游达人最常用的应用程序，是备受信赖的酒店预订服务应用程序。预订酒店时，这两个应用程序我都会上，比较价格，查看评价，然后再做决定。

虽说我有好几次预订酒店失败的教训，但即使这样，也挡不住我继续在中国旅游的脚步！

旅行小贴士：

- 要根据具体情况，如人数、预算、天数等考虑预订什么酒店。
- 在中国旅游的时候，如通过携程预订酒店，一定要弄清楚你选择的酒店能不能接待外国人！
- 如果你要选择合适的价位，最好上不同的酒店预订应用程序比一比价格，然后再做决定。
- 要了解清楚酒店提供哪些服务设施，看能否满足自己的需要。
- 中国也有外国人熟知的爱彼迎（Airbnb），在价格相近甚至更低的情况下，爱彼迎的房间通常比其他酒店更大、更舒服。另外，爱彼迎的住宿规定（如入住时间）也更加宽松。

姓　　名：松田一辉
国　　籍：日本
就读院校：南开大学
在华时间：2 年
居住城市：天津、上海

吃在中国

如何在中国餐馆点餐？

刚来中国的时候我感觉在中国点菜有点儿像抽奖，我相信那些出国旅游的人会跟我有同感，尤其是去不说英语的国家。在中国用中文菜单点菜有点儿像碰运气，这不是开玩笑，真的，就像买彩票一样，只是此刻你期待的是可口的美食而不是巨额奖金罢了。但是如果你知道应该去哪里吃东西，另外还能说汉语的话，你会品尝到各种美味佳肴，还会发现很多从来没尝过的新鲜味道。

在中国点菜的方式多种多样。许多快餐店和现代化的餐馆经常使用先进的点餐方式，你可以通过电子菜单、触摸屏和平板电脑等选择自己想要的食物、饮料或其他东西，还可以直接买单，完全不需要服务员。当然，普通的纸质菜单也是有的。在中国，菜单的内容通常是分门别类的，如肉、素菜、主食，其中主食有米饭、面、汤、饺子等。中国人习惯一起去饭店吃饭，喜欢点很多的菜一起分享，而不是各点各的，所以菜单这样分配也是为了方便搭配。中国菜经常有很特别的名字，这些奇怪的名字有时跟材料根本没有关系，就像红烧狮子头，听起来很吓人吧？其实，这个菜跟狮子一点儿关系都没有，是一种用猪肉做的菜。

在北京、上海、天津等大城市的商务中心周围，许多豪华饭店的菜单经常会提供英语翻译和图片，服务员可能不会说英语，但是点菜应该不会有问题。然而，在当地人常去的饭馆可能很难看到有英语翻译的菜单。

下面就给大家介绍几条在中国餐馆点菜以及获得可口美食的经验：

- 如果你不会汉语的话，强烈建议提前查好简单的汉字，在纸上或手机上记下来，这样你就能辨明“鸡”“牛”“面”“汤”等等。
- 中国大部分饭店会免费提供热水或柠檬水。待你坐定以后，服务员会拿来菜单，然后帮你倒一杯水。如果想要续杯，你可以直接叫服务员帮你。叫服务员的时候，光举手是不够的，你必须大声喊“服务员”，然后服务员就会来了。
- 中国餐馆是禁止吸烟的，但一些小餐馆偶尔也会有人抽烟。即使你看到有人抽烟，也并不意味着这是被允许的，所以请不要在餐馆里吸烟。
- 中国菜的种类很丰富，每个省都有自己的特色菜。我特别建议去尝试不同的餐馆，还有尽量不要一直吃快餐或者你已经吃过好多次的菜，要不然你会失去品尝更多美味的机会。

姓　　名：高汉智
国　　籍：秘鲁
就读院校：北京语言大学
在华时间：3 年
居住城市：北京、贵阳

如何网上订餐？

为了适应中国的生活，你一到中国就应该下载一些常用的应用程序。这些程序可以帮助你订餐、购买电影票、买卖二手物品、叫出租车、买衣服、租房子等等。

对我来说，在中国最方便的事情就是网上订餐，因为没有什么比在你不想出门的时候把你的食物送到家门口更好的了。你所要做的就是下载一个最流行的送餐应用程序，注册家庭地址，选择食物，最后支付，你订的食物大约 30 分钟内就能送达。你可以使用中国最火的两大在线支付软件微信或支付宝付款而无须支付现金。你还会惊喜地发现，送餐费通常都不到 1 美元，这与西方国家大不相同。

输入你的位置，外卖应用程序就会显示附近的一些餐馆供你选择。有许多餐馆专门供应中国各种地方菜肴，通常会有许多特色菜，让你有机会品尝各种美味佳肴。订购了喜欢的食物之后，这个应用程序还可以根据你的地址和餐馆之间的距离来设置送货时间。更重要的是，你还可以在手机地图上跟踪查看送货员的位置。

在所有的订餐应用程序中，你都能看到菜肴的图片，因此，即使你看不懂中文或者你不知道选用的食材，也不用担心了。除了中国菜，还有很多其他选择，如印度菜、意大利菜、日本菜等。无论你想要什么，你都可以在外卖应用程序中找到。有些餐馆甚至 7 天 24 小时不间断营业，所以如果你半夜饿了，家里没东西吃，也没关系，你仍然可以订到经济划算的饭菜，而且直接送到家门口，非常方便。

大多数餐馆每天都有特价活动，如“消费满 50 元，享受八五折优惠”或“买一赠一”等。逢节假日，活动更多。

许多大餐馆都有自己的外卖应用程序，并雇用自己的送货员。在所有的外卖程序中，大多数餐馆都收取送餐费，但通常不到10元（1–2美元），有时也免费。许多餐馆都有最低消费金额，通常为20元（约3美元）。

下载这些应用程序可以使你在中国生活得更容易。如果你不会说汉语，可以在这些应用程序上看图片，选好后通过你自己语言版本的微信支付。如果你不知道附近有什么餐馆，这些应用程序会向你展示许多餐馆，以及它们与你的距离；如果你想出去吃饭，但不确定去哪里吃，也可以通过上述应用程序寻找中意的餐馆。

几条建议：

- 如果你的微信或支付宝绑定了银行卡，你可以订购食物并在线支付。
- 常用的外卖应用程序有美团外卖和饿了么，几乎在任何地方都可以使用，不过饿了么主要提供城区服务。
- 请务必准确无误地写下地址，如果你不会说汉语，而且送餐人员又很难找到送餐地址，那么可能会挺麻烦。
- 如果你有朋友在中国待过一段时间，让他们告诉你如何使用美团外卖等应用程序，因为几乎所有在中国生活过的人都熟悉并使用过这个应用程序。

姓　　名：希拉尔
国　　籍：土耳其
就读院校：北京语言大学
在华时间：4年
居住城市：北京

中国都有哪些早餐呢？

对于有着悠久农耕历史的中国人而言，早餐是一日之中最为重要的一餐。在中国，单是早餐的种类就有上百种。对于像我一样有选择困难的人来说，这是每天早晨必须面对的第一道难题。各个地区都有自己的早餐习俗，而最广为外国人所熟知的、经典的早餐想必就是豆浆和油条了。豆浆、油条可以说是全中国流行的早餐，吃起来简单方便，对于生活节奏相对比较快的都市人来说，豆浆、油条几乎成了每个人的不二选择。那么你知道中国还有哪些早餐选项吗？

对于身处黄土高原的西安人而言，肉夹馍是最经典的早餐。西安人将新鲜的腊汁肉夹在酥脆的白馍里，肉香而馍酥，肉肥而不腻，口感与味道恰到好处。西安人还有其他几种选项，那就是经典的臊子面和胡辣汤。臊子面是面条搭配新鲜的肉碎，而胡辣汤则是一种胡椒味浓郁的汤。

兰州人早餐的首选则是著名的兰州拉面。兰州的很多餐馆只在早餐时间卖拉面。其他地区也常以米粉和面条作为主要的早餐，比如长沙人早餐就吃湖南米粉，武汉人则最爱热干面。

而对于广东人而言，早餐的选择就相对较为困难了。相信到过广东的朋友一定会到当地驰名的点心茶楼享用早餐。而困难之处在于，几乎所有广东的点心茶楼都会提供上百种的点心让食客选择，比如叉烧包、烧卖、虾饺、萝卜糕、马蹄酥、蒸排骨、糯米鸡、三酿鱼丸、皮蛋瘦肉粥等等。

中国有句老话是这么说的：“一日之计在于晨。”因此早餐对于中国人有多重要可想而知。若是到中国来旅游，你完全不必担心会饿肚子的问题，而唯一需要担心的是：我到底应该吃什么？该从哪里下手？

温馨提示：

- 在中国的北方，比如北京，早餐的选择相对较少。若是你也很重视早餐，不妨到广东一趟，绝对不会令你失望。
- 北方人口味偏重，因此做出来的食物味道会偏咸。若是你喜欢清淡的口味，一定要提前和餐厅服务员说明。
- 在大城市，比如北京，你当然也可以品尝到各地的美食，但是味道肯定不如当地正宗。
- 广东的点心茶楼几乎每天都高朋满座。若是你想到茶楼吃早餐，建议早点儿去，因为“早起的鸟儿有虫吃”嘛！

姓　　名：颜毅晟
国　　籍：马来西亚
就读院校：清华大学
在华时间：9 年
居住城市：北京

中国的快餐味道如何？

要问中国的快餐味道怎么样，答案就是：绝对不会让你失望。中国菜种类繁多，快餐也不例外。每个人都能吃到自己想吃的饭菜，而且几乎在一天中的任何时候都能吃到。

现在先从中国传统的早餐说起。不同的省市，早餐的类型往往不同，但说起最受欢迎的早餐，每个地方都基本相同。我最喜欢的早餐是油条和豆浆，二者搭配着一起吃。这种早餐搭配在中国到处可见，尤其是在北方。中国的早餐属于快餐类型，包括鸡蛋灌饼、煎饼果子、豆腐脑、包子、粥等。

中国的快餐丰富多样。主要包括米饭、面条儿以及其他主食。各个快餐店都有自己的特色。一些快餐店从名字就可以看出卖什么，例如著名的“庆丰包子”“康师傅私房牛肉面”“永和豆浆”“大娘水饺”“李先生牛肉面大王”“沙县小吃”等等。所以，如果想尝尝汤面，建议你去“李先生”吃。这里最受顾客喜爱的面条儿有鸡丝面、牛肉面和炸酱面。凉菜的味道也不错，如酸辣土豆丝、蒜泥海带丝等。“康师傅私房牛肉面”卖的牛肉面也很受欢迎，而且米饭也不错，奶香黑芝麻布丁和芒果布丁非常好吃。“永和豆浆”有荷包蛋、油条、饺子、香菇素包、葱油饼等。

并不是所有餐馆的名字都能代表其经营特色的，“真功夫”就是一例。“真功夫”到底卖什么？“真功夫”其实供应一日三餐和下午茶，有很多菜品，如蒸菜、蒸肉、米粉、小吃、粥、包子、糯米鸡等。快餐店的价格不高，最重要的是上菜速度快。而且连锁餐厅质量达标，吃起来更放心。

以下是在中国吃快餐的一些建议：

- 点餐前，告诉服务员你的饮食有哪些禁忌（如能不能吃辣的）。
- 有些餐厅要在前台点餐，因此，如果你汉语不好，就把要点的饭菜的图片指给服务员或收银员看。
- 可以用现金结账，也可以通过微信钱包和支付宝结账。
- 快餐店不仅限于连锁餐厅，有许多独立的小餐馆以同样的价格和速度提供更正宗的美食（有时价格更便宜，速度更快，但普遍受欢迎的餐馆可能客流都很大）。

姓　　名：达莎
国　　籍：白俄罗斯
就读院校：北京语言大学
在华时间：10 年
居住城市：天津、北京

中国有哪些绝对不能错过的街头小吃？

在中国生活有许多美好的体验，对我而言，享受美食在其中一定是名列前茅的。对于大多数西方人而言，他们印象里的“中餐”，其实吃起来一点儿都不像中餐，而是经过很大改良的，通常又甜、又腻、又油。

我还记得第一次到中国时，第一印象就是“哇，人山人海！”，第二印象就是看着各种食物在想：“吃起来会是什么味道呢？”无论在哪儿，街上都会飘着食物的香味，就像天庭的“蟠桃”一样诱人。

大多数西方人以为地道的中餐都是非常辣的，但说实话，很多中餐一点儿都不辣。这就要从地域讲起了，南方的四川菜、湖南菜一般都非常辣，而北方的菜一般都不辣。

北京的美食简直数不胜数。我最喜欢的街边小吃有三个：烤冷面、凉皮和肉夹馍。它们都非常地道，简单易做，通常出现在下班高峰期。

烤冷面已经风靡全北京城，在哪里都能买到。它是一个方形的冷面饼，配上鸡蛋一起在铁板上煎，翻面后可以根据个人喜好加上洋葱、香菜、醋或辣椒等调料，火候一到便可将冷面卷起切块，盛在一个小纸碗里，用两根小竹签扎着吃。无论是什么季节，都可以在街边找到这道美味佳肴当夜宵。我特别喜欢在春天或初夏的时候，跟我太太一起，一边享受这道美食，一边漫步在北京后海的小胡同里。

凉皮是一种凉的面条儿，和肉夹馍很配，肉夹馍通常被称作“中国

汉堡包”。凉皮是用凉的宽面条儿搭配黄瓜丝做成的。口味可以选择秘制（醋和酱油等）或麻酱的，也可以是辣口或淡口的。如果你能吃辣，我建议尝试下辣口的。

最后要介绍的就是“中国汉堡包”肉夹馍。其实它就是一个切开的馍，里面夹着剁碎的酱猪肉（猪肉是经过几个小时慢炖制成的）。店家大多数会提供两种馅料供你选择：纯瘦肉或肥瘦相间。当然，肥瘦相间才是人间极品。哦，别忘了加一些香菜！

给吃货们的一些小建议：

- 旅行到某地一定要选择当地的地道小吃，因为当地的才是最正宗、最美味的。
- 小心骨头！与许多西方国家不同的是，中国的肉类（如鸡肉或鱼肉），通常是完整的一大块或是用菜刀剁碎的，所以食用时可能会嚼到骨头。
- 在中国吃街头小吃时，肉都是要完全做熟的。如果不是，一定要求店家做熟！
- 当你不知道选哪种小吃时，最好、最简单的办法就是选择排队最长的那个，因为当地人都知道哪个是最好吃的。

姓　　名：于泽熙
国　　籍：美国
就读院校：北京语言大学
在华时间：4 年
居住城市：北京

著名的地方风味小吃有哪些？

中国是一个饮食文化十分丰富的大国，每个地方都有自己的特色菜，在全国乃至全世界都很受欢迎。当人们看到一道佳肴时，通常会联想到它的原产地；反之亦然，当有人听到中国某个地方的名字时，脑海中首先就会浮现出当地特色风味小吃的形象。

例如，兰州牛肉拉面源于兰州，肉夹馍源于西安，豆汁源于北京，上海则以生煎包和蟹粉小笼包而闻名。我在天津待了很多年，天津小吃在我心里有着特殊的地位，像著名的狗不理包子、十八街麻花和耳朵眼儿炸糕。当中国人听到狗不理包子的名字时，他们立刻会联想到天津。它是用面做皮、用多汁的肉（通常是猪肉）做馅料的包子，这是中国的老字号之一，在汉族人中特别流行。据说这家包子铺开创于19世纪初，其味道让所有爱吃包子的人回味无穷。因为久负盛名，店老板狗子根本不需要叫卖吆喝，所以很多人嘲笑他说："狗子卖包子，不理人！"这家店因此得了"狗不理"的名号。十八街大麻花也是特色小吃，虽然稍微有些油腻，但香甜酥脆。

如果在北京，别忘了尝尝烤鸭。在荷叶饼上抹点儿甜面酱，放上鸭肉、黄瓜条、葱丝，然后卷起来一口吃下去。如果喜欢脆皮，直接用皮蘸点儿糖就可以了。北京烤鸭有很多种做法，许多饭店都有自己的特色。最有名的烤鸭店是全聚德，但我也推荐尝尝四季民福烤鸭和大董烤鸭。

因为中国各个地方和各个民族都有自己的美食文化，很难列举尽所有的小吃。

以下是搜寻中国地方小吃的小建议：

- 到了一个新的地方，一定要尝尝当地有名的小吃。如果不知道该选什么，可以向当地人简单了解一下。
- 当到达一个城市、城镇或村庄时，如果想尝尝小吃和菜肴，可以去当地有名的餐馆。如果想找到最好的餐馆，就要仔细查找那些游客较少但很正宗的地方餐馆（有时只提供一种或几种地方小吃或菜肴）。
- 去旅游景点的餐馆或是其他地方比较火的餐馆，可能需要花很长时间排队等候。这里的食物通常很好，但也有可能只是一个被过高评价的景点餐馆。如果你能区分方言，那么好餐馆的重要标志就是里面有很多讲方言的当地客人（游客里有外国人，但还是以中国人为主）。
- 如果喜欢一些地方小吃，可以买一些作为礼物送给亲戚朋友，如十八街麻花，但要记得看看保质期。

姓　　名：达莎
国　　籍：白俄罗斯
就读院校：北京语言大学
在华时间：10 年
居住城市：天津、北京

春节一定要吃饺子吗？

中国有许多传统节日，而且不同的节日也有不同的风俗习惯。比如在中秋节前夕，你会发现中国人在忙着选购各种款式的月饼。在所有传统节日当中，春节（中国农历新年）是中国人最为重视，也最为重要的节日。

一提起春节，很多外国人首先想到的应该是除夕吃饺子。我在北京留学快十年了，每每除夕夜受邀到老师或朋友家里吃年夜饭，饺子总是必不可少的。在中国的北方，大家似乎特别钟情于饺子。饺子馅儿取决于每个人的口味，最为常见的是猪肉白菜馅儿。临海地区像天津、山东一带，海产丰富，因此虾肉或蟹肉等海鲜馅儿的饺子在这些地方最为常见。中国人认为饺子皮能够有效地将馅儿的鲜味包在饺子里。中国人如此喜欢吃饺子，可能也是因为饺子不仅煮起来方便，而且还能保留馅儿的鲜美。

尽管饺子在北方很受欢迎，但是中国的饮食传统还是因地而异的，

特别是南北方的差异十分明显。所以当你和中国的南方人，如广东人或福建人，说过年必须吃饺子的时候，他们也许会觉得你很奇怪。他们有自己的传统。我来自马来西亚的华人家庭，祖籍是福建。从我很小的时候开始，过年时家里会蒸年糕而不是包饺子。年糕应该是中国南方过年的传统食物，它是由糯米蒸出来的一种糕点。因为糯米比较“黏”，有些人可能会觉得年糕嚼起来比较费劲。但对于福建人来说，年糕谐音“年高”，象征来年步步高升的运势。

春节是全世界华人最为重要的节日，但这个节日在不同地区的传统又各不相同。在中国，虽然人们的历史渊源相同，但在全国各地还是存在许多文化上的差异。若是你想尝尽中国春节的美食，就不得不在节日期间游历中国了。

温馨提示：

- 虽然中国各地饮食文化存在差异，但是饺子应该是春节期间最为典型，也广为人知的食品。
- 北京的各个餐馆几乎都有饺子，不妨到这些餐馆尝一尝。
- 一些高校甚至会组织外国学生一起包饺子，积极参加这些活动吧。
- 中国人吃饺子通常会搭配各种蘸料，比如醋、蒜泥、辣椒油等。

姓　　名：颜毅晟
国　　籍：马来西亚
就读院校：清华大学
在华时间：9 年
居住城市：北京

你喜欢中国的面条儿吗？

你喜欢面条儿吗？虽然我偏爱米饭，但这并不影响我对面条儿的喜爱。那么，你知道在偌大的中国到底有多少种面条儿吗？根据调查，如今我们在中国能找到的面条儿种类至少有 500 种！常见的有：四川的担担面、广东的伊面、北京的炸酱面、陕西的臊子面和武汉的热干面。

面条儿拥有悠久的历史，早在两千年前的汉代文献中就有关于面条儿的记载。随着时代的发展，面条儿的种类和做法也在不断地发展和改进。

由于中国南北气候地理环境各不相同，南北方饮食文化存在明显差异。仅就面条儿而言，制作方法也各不相同：北方的面条儿主要以面粉为主，较少使用鸡蛋，所以做出来的面条儿较为厚实和筋道，比如山西的刀削面；而南方的面条儿则会加入鸭蛋，使得面条儿更有弹性，也更有嚼劲儿，比如广东的伊面和竹升面。

在众多面条儿中，我最喜爱的是伊面。伊面的制作方法较为特殊。制面师傅会以蛋液代替水来和面，这就使得制作出来的面条儿更具有弹性，口感更佳。广东的砂锅伊面是我的至爱。砂锅伊面的汤底由猪骨高汤熬制而成，而砂锅又能将温度和高汤的鲜味锁在面条儿里，令你在品味面条儿的口感之余，又能尝到高汤的鲜美。

到了炎炎夏日，尤其北京的三伏天，炎热烦闷的天气难免会令人失去胃口。这时，你不妨来碗冰爽的冷面。冷面有冰凉的汤底，使得过了凉水的面条儿口感更加筋道。试想，室外三十多度的高温，而你在室内来上一碗冰凉的冷面，每一口都沁入心脾，那滋味是不是很美妙？

到了北京，你一定不能错过老北京的炸酱面。来自意大利的朋友曾告诉我，他们对炸酱面情有独钟。或许是因为炸酱面的干拌食用方法，加上新鲜的炸酱肉碎，令远在他乡的他们想起了家乡的意大利面吧？

如果你也喜爱吃面条儿，那么来中国绝对是你的不二选择。这里有超过500种面条儿等着你去探索和品尝！心动不如行动，你还等什么呢？

温馨提示：

- 一些餐馆只在特定时间提供面条儿。比如兰州的很多餐馆只在早饭时间提供大名鼎鼎的兰州拉面，过了饭点就“谢绝供应”了。
- 在你喜爱的面食上加些辣椒油或醋，口感或许会更佳哦！
- 你可以要求额外添加佐料和配菜，比如香菜、葱花、鸡蛋之类，但是有些配菜需要另外收费。
- 如果你没有时间去各地旅游顺便品尝各式面条儿的话，在北京、广州这样的大城市通常可以找到中国各地的面食。但如果你想吃到各地正宗的面食的话，我建议你还是去当地品尝吧！

姓　　名：颜毅晟
国　　籍：马来西亚
就读院校：清华大学
在华时间：9年
居住城市：北京

中国人能把你喝趴下吗？

在中国，喝酒的场合远比我们预想的多。不论是在家吃晚餐还是与朋友和同事出去吃饭，几乎都是无酒不欢。如果你决定喝酒了，那么就要做好多喝的准备，因为会有人不停地劝酒，只要你不反对。你不见得要喝得很快，但是酒杯绝不能空。

要记住，中国的酒和西方的酒有很大的区别。虽然在中国可以买到各种各样的酒，但是酿自高粱的白酒一直是最流行的。很多外国人可能不习惯喝白酒，因为太烈，酒精度通常在45度到60度。如果喝不了白酒，也有度数低一些的酒，如黄酒，不那么烈，度数也不高。当然，还有低度的啤酒。

许多人认为，南方人酒量不行，东北人能喝，其实这也分人，并非所有的中国人都很能喝，还有很多人根本不会喝酒。根据我在中国南方的个人经历来看，南方人可能不像北方人那样嗜酒，但不论和南方人还是北方人喝酒，你都不会少喝。

不管你的朋友喝了多少酒，只要一起吃饭，你多少都会喝一点儿，量的多少取决于你如何把握自己的节奏了。绝大多数中国人喝酒时都不会一口一口地干，但要是有人喜欢这么喝，我估计大多酒量还不错的外国人和中国朋友也能喝个平分秋色。

我不经常出去喝酒，我喝酒通常是为了和朋友一起玩儿或向身边人表达尊重。喝酒时，一般不需要去和别人拼酒量，看谁喝得最多，跟朋友在一起开心就好。

出去喝酒前的一些注意事项：

- 如果喝白酒，注意酒的度数，因为白酒一般度数都比较高。至于啤酒，虽然酒精度通常很低，但也要注意，别喝太多。
- 如果你不经常喝中国的白酒，我建议你别喝得太急，慢慢地喝。白酒对于很多人来说都是很烈的酒，包括中国人。
- 饮酒应适可而止，即使有人劝酒，也不能多喝。
- 按自己的节奏喝酒，别喝太快。
- 如果行各种饮酒令，要注意别喝多了，因为行饮酒令的过程中很容易喝多。
- 有些中国人确实特别能喝，要了解对方的酒量，自己不要超量。
- 如果朋友请你喝酒，你不想喝了或是想放慢速度，不要喝完你的杯中酒，因为中国人的习惯是不能让客人的酒杯空着，那样不礼貌，必须随时给倒满。

姓　　名：李云起
国　　籍：加拿大
就读院校：北京语言大学
在华时间：2 年
居住城市：北京

我为什么喜欢中国的火锅？

火锅有一千多年的历史，中国是它的发源地。中国最受欢迎的火锅应该是四川麻辣火锅和北京羊肉火锅。北京、重庆、成都等地一般被视为正宗的“火锅城市”。

到目前为止，我有幸尝过几种火锅，都很美味。值得一提的是，从锅底、酱汁到每一种可以放进去的食物，你都有很多选择。除了美味之外，我喜欢火锅还有另外两个重要原因。

首先，这是一种很好的社交方式。吃火锅时让你感到享受的是和你一起吃饭的人，而不仅仅是食物。一位在重庆长大的朋友向我解释：“我总是把火锅和妈妈联系起来，吃火锅需要花很多的时间为大家准备食物，而不仅仅是为自己享用。”集体用餐是中国饮食文化的核心，大多数菜肴都是家庭式的，而火锅具有更强烈的亲切感。

其次，火锅是一种“健康餐”。火锅一年四季都可以吃，但在寒冷的冬日里吃，会更使人快乐。吃火锅可以温暖身体，改善血液循环，辣辣的味道也会刺激你的味蕾和大脑神经，让你产生更多的热量。而且火锅中使用的一些调味料可以帮助缓解一些小疾病，比如感冒、鼻子堵塞和头痛等。

最后我想说的是，我喜欢和中国朋友一起吃火锅，这有助于提高我的汉语水平。很显然，火锅不仅包罗各种食物，而且蕴含着中国饮食文化。吃火锅时，无论男女老少都围坐在一起，一边享用美食，一边聊着近况。对我来说，火锅不仅仅是一道菜，它更是一种体验。对于那些不熟悉中国文化的人来说，和中国朋友或同事一起吃火锅，可以帮助他们对中国的饮食文化有更深刻的理解。

小贴士：

- 火锅是中国的代表性食品，到中国一定要品尝火锅。
- 火锅最好是在比较寒冷的季节品尝，夏天不要吃太多的火锅。
- 火锅有鸳鸯锅，一半辣，一半不辣，可以同时品尝两种风味。
- 吃火锅时要注意安全，小心别被火和汤烫到。

姓　　名：公主
国　　籍：尼日利亚
就读院校：天津理工大学
在华时间：8 个月
居住城市：天津

中国人喝不喝凉水？

在中国，你很难看到中国人喝凉水，更别说喝冰水了。来中国之前我常听说中国人吃饭时经常喝温水。到了中国以后，我才知道中国人对温水的喜爱程度有多高。中国人不仅喝温水，还经常喝开水。你可以想象一下，吃火锅的时候，嘴里边已经辣得快着火了，所以，得立即来一杯水来缓解一下辣味。跟服务员要到水后，你自然想快速地咕咚咕咚喝下去，结果发现一件令人不快的事情——那就是你喝的水居然滚烫，不但不能快喝，而且一点儿都不能缓解辣。这就如同你的舌头被一杯热可可烫到的感觉一样，不同的只是这里换成了满是辣椒的热汤。

在大多数餐馆，饮料通常是冷藏的，而且非常凉，但是水倒不一定如此。很多中国人经常觉得喝冰水不舒服，而且吃饭时喝冰水不利于消化。外国人也许喝温水还行，但真的很难习惯喝开水。在中国，许多公共场所通常都会免费提供开水。机场、火车站、图书馆以及校园内的许多教学楼都会提供开水，当你习惯了中国生活之后，你会发现这其实很方便，尤其是冬天。

中国的夏天来得很快，持续时间较长（特别是在北京）。夏天，你经常想舒舒服服地喝一杯冷饮。如果是这样，出门前最好从家里带上冷藏过的水，或者到附近的便利店买些水或饮料，因为在外面可能买不到冰水，但可以买到凉一点儿的或是常温矿泉水。

以下是对在中国居住的外国人的一些建议：

- 如果你在餐馆想要喝凉水，一定要对服务员说清楚，否则给你的就是一杯温水或开水。
- 如果只有常温水或热水，你可以点饮料，因为饮料通常是放冰箱里冷藏的，比较凉。
- 饮料有凉的，也有常温的，所以点饮料时一定要说清楚。
- 外出时，特别是在夏天，要事先在附近买些饮料，或者从家带一个装冷水的水杯。
- 冬天外出时，还应考虑随身携带水杯或保温杯。旅行或是白天上课比较集中的时候，你会发现能接到热水是非常方便和舒服的。如果觉得光喝开水没意思，可以带点儿茶叶或干果来提提味儿。
- 在中国饮用自来水时要小心。自来水是凉的，用来洗澡、刷牙、洗碗等没有问题，但是不建议直接喝，必须烧开了再喝。

姓　　名：李云起
国　　籍：加拿大
就读院校：北京语言大学
在华时间：2 年
居住城市：北京

你了解中国茶吗？

中国茶文化几乎和中国文明一样悠久，据说可以追溯到四五千年前。中国是茶的故乡，因此也就难怪茶是中国的国饮了。

中国茶起源于云南，据说在那里仍然能找到一千多年前的古茶树。传说茶是由有“五谷先帝”和“药祖”之称的神农发现的。最早是把茶煮成汤水，当作药来用的。到了唐代（618—907）和宋代（960—1279），茶被当作一种奢侈品，受到权贵文人的青睐。此后，茶叶传到海外，成为国际贸易中最受欢迎的商品，蜚声世界。

根据不同的生产和发酵工艺，中国茶分为六大类：绿茶、黄茶、白茶、青茶（或乌龙茶）、红茶和黑茶。每一种茶都有自己的品质特色和鉴别方法。例如，绿茶被认为是简单而清淡的，它代表了南方的学院派；红茶是温和而内敛的，据说特别适合女士饮用；黑茶余味悠长，老成持重。中国最著名的茶有武夷岩茶（是一种乌龙茶，品种繁多，有肉桂、大红袍、水仙等）、西湖龙井茶（属于绿茶）、福鼎白茶（分为白牡丹、白毫银针、贡眉等），目前都非常受欢迎。普洱茶分生普和熟普，是前述六大主要茶种之外的茶，也很受中外人士的喜爱。

享用中国茶不仅限于对茶叶的选择，中国茶文化还有更多的内涵。俗话说："器为茶之父，水为茶之母。"这说明喝茶不仅要喝高品质的茶叶，而且对茶具和水的使用也很有讲究。使用手工制作的优质茶具和天然泉水，会使茶的风味有显著的不同。中国茶道代表着文化、艺术、修心、宁静，也是中国传统医学的重要组成部分，甚至是中国的智慧形式之一。学茶道虽难，但坚持下来一定会让人获益匪浅！

要记住的一些建议：

- 可以通过听茶艺课、参加茶艺工作坊，或者参加茶艺学院的活动，了解中国茶艺。在一些大学，比如云南的一些高校也可以学习茶艺。
- 茶艺大师通常都是引人入胜的健谈者。与他们交谈不仅有助于更快地融入中国社会，而且会为你的日常生活带来许多有用的智慧。
- 花点儿时间到中国各地看看，看看各地茶道的不同之处，各地茶俗构成了丰富而深厚的中国茶文化。

姓　　名：安娜
国　　籍：德国
就读院校：华东师范大学
在华时间：3 年
居住城市：上海、北京

中国菜的“怪”吓到你了吗?

夫妻肺片、麻婆豆腐、狗不理包子、驴打滚儿、松鼠鳜鱼……看到这些菜名，你是什么反应?这些菜真的是用“夫妻”“麻婆”或“松鼠”的肉制作的吗?“狗不理包子”真的连狗都不理会吗?“驴打滚儿”让驴打滚儿了吗?

探讨中国菜的菜名，往往是让外国人感到好奇和兴奋的事情。一些菜名除了让人看不出是什么菜之外，还会含有让人摸不着头脑的奇怪字眼儿。中国菜的“怪”，除了菜名的怪，还有食材的怪、味道的怪。其实，你若知道它们背后的故事，就一点儿都不会迷惑了。

“夫妻肺片”是一对夫妻以成本低廉的牛的边角料为食材做成的凉菜，一开始时称为“废片”，后改成“肺片”;“麻婆豆腐”据传是一个外号叫陈麻婆的女厨师制作的;而“狗不理包子”则是一个叫狗子的人因做包子忙得没空搭理人而得名。这些菜品都是以创制人的名字命名的。

至于“驴打滚儿”和“松鼠鳜鱼”，则是根据食物的做法，用形象而生动的比喻来命名的。撒在面糕上的黄豆粉，就像驴子撒欢儿打滚儿扬

起的尘土；鳜鱼上桌浇汁时发出吱吱的声音，就像松鼠的叫声，所以取名叫“松鼠鳜鱼”。

除了菜名奇怪，中国也真的存在许多让人大开眼界的食物，比如用其他国家从来都不吃的兔头、鲤鱼、小龙虾、蝎子、蝉蛹等制作的美食。更不可思议的是还有用动物内脏做出的美食，如牛肝、牛肚、鸭肠等，这些食物因其独特的美味而深受中国人的喜爱。但对外国人而言，这或许是心中最难跨过的坎了。尽管许多中国菜有奇怪的口味或名字，但还是值得大家去尝试，众多美味佳肴等着你来探索呢！

几条建议：

- 如果你看到中国人为豆腐脑或粽子的口味起争执，那么他们肯定是来自中国的不同区域（一般说来，北方人喜咸，南方人喜甜，四川人和湖南人喜辣）。
- 点菜时若无法通过菜名看出食材或烹调方法，建议询问服务员或旁边的中国客人。同时还可告知服务员你的个人喜好，这样可以让用餐更加愉快。
- 不要惧怕尝试新事物，虽然有些菜听起来或看起来很奇怪，但它们却非常好吃！

姓　　名：沈薇利
国　　籍：马来西亚
就读院校：北京语言大学
在华时间：11年
居住城市：北京

中国人请客时的座位有什么讲究？

聚餐在中国是最重要的社交活动之一。每一项社交活动都有一套礼仪，聚餐也不例外。礼仪有时候会十分复杂，让人产生一种深深的仪式感。但你不用害怕，现在中国有这种仪式感的聚餐只限于非常正式的场合，如重要的公司宴会或婚宴之类的大型活动。

聚餐时最基本也最重要的礼仪之一就是座次，座次能够反映出座中各人的地位和主人对客人的礼貌。中国的餐桌一般都是圆形的，不仅象征团圆，而且也方便大家在聚会中交流。圆桌上的座次以正位（通常就是离门最远的座位）为起点。一般在家庭宴会上，正位都留给身份最高的人，通常是最年长的人或一家之主。在很正式的场合上，正位则会留给主人。当然，出于礼貌，主人会主动把正位让给身份最高的客人（主宾），而主宾出于礼貌会推辞一番，让主人坐在正位。

主人的帮手坐在正位正对面，也是距离门口最近的位置。你是不是在想：为什么需要有一个帮手？帮手要负责保证客人被照顾到位，让主人跟客人好好喝酒聊天儿，这就解释了为什么帮手需要坐在距离门口最近的位置上，因为这样方便他们跑出去叫服务员。一般情况下，帮手还要负责帮主人结账。

客人坐在正位左右。主宾往往坐在正位右边，副主宾坐在正位左边，依次类推。谁是主宾是由不同因素决定的，比如年龄、在家庭中的地位、职位、学历等，或者视客人和主人的关系而定，主人一般会暗示谁是主宾。

是不是糊涂了？没关系，你只需要遵循以下几个提示就不会出问题了！

- 到场后，待在邀请你的人或者你最熟悉的人身边。跟别人打招呼时千万不要亲吻或拥抱，握手的话，可以等对方主动伸手。
- 入座之前先等别人告诉你坐哪儿。如果没人让你坐在特定的座位上，那就问邀请你的人你应该坐哪儿。
- 一般来说，中国的主人都非常乐意接待外国友人，有时还会让你坐到主宾位置上。遇到这种情况，你可以出于礼貌表示谦让并推辞，把座位让给级别比你高的人。但是，如果主人和别的客人坚持让你坐在主宾位置上，那你就坐吧。
- 入座之后，就放松一点儿，享受美食，结交新朋友吧！

姓　　名：安君傲
国　　籍：墨西哥
就读院校：北京大学
在华时间：7 年
居住城市：北京

中国人吃饭也分餐吗？

中国人吃饭不分餐吗？是的，大多数时候是不分餐的。除非同一桌的人都装作彼此不认识，各点各的菜，这是开玩笑。但说真的，几个中国人一起吃饭时往往会点几道菜，一起分享。每个人面前都有一小碗米饭，用筷子或汤匙从桌子中间的盘子里获取食物。一些餐馆甚至提供餐桌转盘，放在餐桌上方便取食。有了餐桌转盘，你就不必站起来伸手去够桌子对面的食物，也就不会有衣袖被菜弄脏的风险了。大多数转盘都是手动的。但是如果你去的是一家上档次的餐厅，20 个人在一个大包间里围坐一桌，可以想象得到，这时餐桌转盘会又大又重，怎么办呢？中国人非常聪明，使用自动转盘。转盘自动缓慢旋转，让每个人都有足够的时间能取到食物，是不是很神奇？

作为一名华裔，我和中国人的习惯一样，对不分餐没有什么不适应的，因为在马来西亚也是一样。但我猜有些外国人初来乍到，之前习惯分餐了，现在会觉得有点儿不方便、不卫生。的确，刚开始可能会有点儿不适应，但要入乡随俗。在过去的二十年里，我一直以这种方式吃饭，一辈子可能都不会改变。不分餐也有好处，其中一个好处是不会剩菜，因为不像分餐，你需要吃完自己盘子里所有的食物；不分餐的情况下，你不吃的菜，总有同座的其他人帮你吃完。另外，大家抢着看谁能吃到盘子里的最后一块肉不是也很有意思吗？

几条建议：

- 如果你想分餐，也没关系，那就早点儿从每道菜中取出你的那一份。
- 如果你不想分餐，以免扫了大家的兴致，但又担心不分餐不卫生，可以向服务员要些公用汤匙或筷子。
- 汤上来的时候，通常也会附带一些小碗来盛汤，但吃火锅例外。到了中国，必须得体验一下火锅，因为火锅是不分餐的典型例子。
- 要保持礼貌用餐，先取放在你面前的食物，别去够离你较远的食物。
- 如果没有餐桌转盘，你应该注意不时地调换一下菜盘的位置，让别人也能够得着。

姓　　名：李俐雯
国　　籍：马来西亚
就读院校：北京语言大学
在华时间：6年
居住城市：北京

吃饭时谁第一个动筷子？

中国在漫长的历史中发展出了非常精致的饮食文化，它已经成为人们日常生活的重要组成部分。餐桌礼仪也是中国饮食文化的一个重要部分。如果你只是跟中国朋友去吃饭，那你不用太在意礼仪。但是，如果你是跟老师去吃饭，或被邀请到中国家庭做客，请先学好中国的餐桌礼仪。饭桌上谁能第一个动筷子就是这些礼仪当中很重要的一点。

在饭桌上，第一个动筷子的通常是年纪最大或者地位最高的人。年轻人需要等长辈夹了第一筷以后才可以开始吃。吃饭时也要注意你周围的人，如果你和其他人同时想吃同一道菜，请让他先夹。

吃饭时，长辈、老师或其他地位高的人讲话，饭桌上的其他人需要停下来注意听。话讲完后，大家再继续吃饭。如果我们在长辈或老师讲话时吃饭，会被视为不礼貌。

其实，中国人饭桌上的礼仪和规矩并不复杂。在大多数情况下，我们只要遵从很少的一些规矩就行了。请注意观察身边的人，然后就像在其他场合一样文明用餐就好了。

如果你还是担心或者不清楚饭桌上要怎么做，那么以下建议会对你有用的。

- 如果你对吃饭礼仪不是很了解，只要效仿你的中国朋友或者坐在你旁边的人就可以了。当然，你不用因为他们放下筷子你也停下来，也不用完全模仿他们的动作。但你可以观察他们何时将注意力放在吃饭以外的事情上。你也可以直接问你的中国朋友，他们会很热心地告诉你饭桌上的注意事项。
- 如果你到中国朋友家做客，你也可以直接问他们饭桌上要注意什么。中国文化多样、民族众多，每个家庭都会有不同的规矩。但中国人十分热情，他们会非常乐意给你提供帮助。
- 多体验并积累经验。因为作为一个外国人，要是你能全面了解和掌握中国文化的话，那就再牛不过了。如果你能对身边的人和中国的文化给予恰当的尊重，你也一定会受到周围人的尊重和喜欢的。

姓　　名：陈氏芳莲
国　　籍：越南
就读院校：北京语言大学
在华时间：4 年
居住城市：北京

吃中餐时有什么讲究？

为了欢度春节，我们导师请大家去餐馆吃饭。我们总共有 12 名学生，导师给我们预订了有圆桌的包间。几天前，导师就询问我们是否吃辣，是否有其他忌口——他也明白不是所有的外国人都能吃辣的。

吃饭当天，凉菜上来了，导师先做了一番正式的讲话。导师讲完话之后，就意味着我们可以动筷子了。在中国，吃饭前，东道主讲话开餐是一种惯例。有些学生还不知道如何使用筷子，所以也为他们配备了叉子。

记得当时我们的确有点儿饿了，导师讲完后我们立即开始吃饭。吃了不到 10 分钟，我就感觉有点儿饱了。接着上来了热菜、米饭和面条儿。热菜包括很多肉菜、蔬菜和海鲜，最后一道是汤。后来导师告诉我们，中国菜是讲究上菜顺序的。

给大家提个醒，在菜上齐之前，你不要急着吃。中国人都很好客，他们请你吃饭时会点很多菜，直到你再也吃不下为止。

请客吃饭时，一般都要喝酒。为表示对客人的尊重，东道主是要敬

酒的，他会离开座位向每位客人敬酒。当东道主来到你身边时，你要站起来，双手拿着杯子和他碰杯。碰杯时，你的杯口应该比东道主的杯口低一点儿，以示尊重。

以下是与中国朋友用餐时的一些建议：

- 朋友们都坐好了，斟满酒杯，东道主先祝酒，致以简单的开场白，然后宴会开始。
- 如果不会用筷子，可以要一把叉子或勺子。千万不要把筷子插在米饭的中央，因为那是祭祀死者的方式，让人感觉不吉利。
- 在用餐期间，你可以瞅准时机向在座的各位敬酒，可以按年龄大小、职位高低的顺序。当有人过来向你敬酒时，你要放下筷子和他干杯。碰杯时，你的杯口应该低于对方的杯口（通常是年轻者和职位低者杯口在下）。

姓　　名：阿依努拉
国　　籍：吉尔吉斯斯坦
就读院校：上海外国语大学
在华时间：9 年
居住城市：上海

AA 还是请客？

当我 2014 年第一次来到中国时，我就开始留意美国和中国文化之间的显著差异。在最初的几年里，我只能从表面上理解这些差异，但有些差异，比如中国人在买单时是多么慷慨，我很早就意识到了。

我清晰地记得第一次体验到这种慷慨的情景。那是在我的第一个短期课程结束后，我们班有 15 人，一起邀请老师出去吃饭。我们本来打算 15 个人平分账单，一起请老师的。可我们的老师——一个每月收入约 3000 元人民币（不到 500 美元）的年轻硕士生，没给我们这个机会。快吃完饭的时候，她说要去洗手间，于是离开了五分钟。二十分钟后，当我们吃完饭打算买单时，大家惊讶地发现，我们的老师已经把钱付了。原来老师以去洗手间为由，悄悄结了账。这种做法在中国很常见。

在中国，所谓的AA制（各自付账的意思，不要与“嗜酒者互诫协会”的英文缩写AA混淆）通常只在熟人间用，而且很少用。一般来说，这次如果有人请你吃饭，下次再和他一起吃饭时就轮到你付钱了。这是一个不言而喻的规矩，这样每个人都会得到一个请客的机会。在中国，你经常能看到吃饭时朋友间抢着付账。我记得无数次看到以下情形：一个人试图掏钱包付账，另一个人不让，而坚持让服务员收自己的钱。当然，不管朋友间争着付账争得多激烈，都不是真正的争吵，而是要请别人吃饭的一种体现。在中国，重要的是要始终考虑如何让请客吃饭的人“保全面子”。

出去吃饭时的一些基本建议：

- 确保你手头有足够的钱支付餐费！微信里没钱，信用卡过期，手头没有足够的现金——没有什么比上述情况更令人尴尬的了。
- 假如你是在北京留学，别人请你吃当地的美食北京烤鸭。这顿饭会很贵，通常在200到400元人民币之间（约30–60美元），有时候还会更多。对一名外国留学生来说，这可能是一笔相当大的数目。你怎么回报人家？很简单，没有人指望你会以同样的价位请吃饭。假设你有机会请这位朋友吃饭，选择当地的面馆吃或是去吃烤肉串（约15美元）也没问题。
- 如果你不想让别人买单的话，最好在用餐过程中间从席间走开，偷偷结账。“去洗手间”是最常用的借口。

姓　　名：于泽熙
国　　籍：美国
就读院校：北京语言大学
在华时间：4年
居住城市：北京

乐在中国

跟中国同学一起玩儿时能做点儿什么呢？

跟中国同学一起玩儿是一种不一样的体验。一般来说，中国学生不像外国学生那样经常出去喝酒，事实上，很多中国学生都不喜欢出去喝酒。这是你需要尊重的文化差异。

和其他国家的学生相比，中国学生开始喝酒的年龄要晚得多。这跟学业要求和文化有一定的关系。上大学前，中国学生为了准备高考要经历一个很艰苦的人生阶段。上了大学后，又得参与激烈的竞争，加上学校的各种规定（比如门禁制度等），使得中国学生很少能去酒吧喝酒，尤其是女生。但这并不意味着她们完全不喝酒，而是只在特殊场合才会喝，比如家庭宴会和重要庆典，因为能在亲友的照顾下喝得比较安全。

当然，中国学生也有自己玩儿“嗨”的方法。他们非常喜欢美食、艺术、运动和游戏。出去到各种各样的餐厅吃饭是很正常的事。此外，我本人经常跟中国同学一起玩儿桌游，当然还经常一起运动！中国男生尤其喜欢打篮球。如果你不是很喜欢运动，那试试这个吧：摄影（其实我经常跟中国同学约拍，这是我最爱的活动之一）。试想一下，在漂亮的公园、古色古香的茶馆或者很酷的咖啡厅里练习拍照或者摆各种造型，该有多好玩儿！同时还可以捕捉很多精彩的瞬间，留下美好的回忆！

不要犹豫，尝试不同的活动方式跟中国同学一起“嗨”吧！能玩儿多开心就看你自己的态度喽！

以下是一些注意事项：

- 与其叫中国同学去酒吧，不如一起尝试不同的餐厅、一起打球或者去看艺术展览、听音乐会等。（别忘了拍照！）
- 让中国同学带你吃他们的家乡菜，或者你一直非常想吃的美食，他们肯定会很乐意的。
- 带中国同学去吃你们国家的菜，跟他们分享你们国家的文化，但不要强求他们喝酒。
- 你可以试试不同的娱乐活动，比如玩儿电脑游戏或者桌游，最火的游戏叫“狼人杀”，我觉得这个游戏能帮你练习用汉语思考的能力。
- 我是不是忘了说 KTV？ K 歌也是非常不错的选择，但不要唱到很晚哦！

姓　　名：安君傲
国　　籍：墨西哥
就读院校：北京大学
在华时间：7 年
居住城市：北京

北京的酒吧氛围怎么样?

北京过去一直缺少好的酒吧，而且啤酒（或其他酒）和食物也一般。幸运的是，现在的情况比前些年好多了。

过去，谈到中国啤酒时，很多人都觉得不敢恭维。很多外国人经常把中国啤酒比作水，因为大多数酒业公司酿造的啤酒度数都太低，没什么味道。不过，在过去几年里，像北京这样的大城市，许多特色啤酒吧开张营业，目前有好多不错的酒吧可供选择，都提供好的啤酒。如果你想家了，或者只是想喝一杯，吃点儿好吃的，那么你一定能在北京找到可去的酒吧。

中国酒吧的氛围多种多样，风格和环境各不相同，可供不同的人选择。我去过一些非常放松的小酒吧，它们大多隐藏在胡同里（基本是北京市中心一些历史街区的小巷）。酒吧虽小，但是气氛很好，你可能会在那里跳跳舞或发发酒疯，结交一些新的中国朋友。总之，这些酒吧适合和朋友聚会，喝喝酒聊聊天儿。

基本上，无论你想去什么样的酒吧，在中国都能找到。北京的酒吧很受外国人和中国年轻人及中年人欢迎。不光在北京，在中国许多其他大城市，酒吧也越来越多。在这里，你可以结识新的中国朋友，练习汉语，或者结识新的外国朋友，他们与你情况相似，还可以向你介绍北京周围乃至中国更多的地方，并推荐一些好的娱乐场所，或者给出建议——告诉你在中国长期居住的注意事项。

一些提示和建议：

- 朝阳区和老城区的胡同周边有很多不错的酒吧。大跃啤酒（Great Leap Brewing）在老外中广为人知，也实至名归。这家酒吧提供各

种啤酒，质量上乘，也很有特点，因为在啤酒中加了很多中国元素。不仅如此，酒吧食品也很棒，比萨饼、啤酒洋葱圈简直太好吃了！

- 去啤酒吧点进口特色啤酒时，价钱和加拿大或美国等西方国家的差不多。
- 虽然室内禁止吸烟，但还是有很多人在酒吧吸烟。如果你想找一个无烟的环境，啤酒吧通常是更好的选择，因为这里不允许客人在室内吸烟。
- 去后海的酒吧要注意，虽然有现场音乐表演，但是普通的啤酒和外面比较便宜的小吃在这里收费都很贵。那一带的酒吧，一瓶科罗娜的价钱比啤酒吧的好啤酒还要贵。
- 如果你和中国朋友一起喝酒，最好让他们教你一些中国的酒令，这会使喝酒变得更加有趣和愉快。

姓　　名： 李云起
国　　籍： 加拿大
就读院校： 北京语言大学
在华时间： 2年
居住城市： 北京

想在中国看电影吗？

在中国，可以看看电影，轻松悠闲，感觉很好。中国的电影院配有各种高科技设备，可提供极佳的观赏体验。如果想看 3D 电影或 IMAX 电影，去任何一家影院都行。通常，检票之后，电影院会发给你一副 3D 眼镜，免费使用。当然，你也可以自行购买。

我在中国生活了六年，始终认为看电影真是一种美好体验。在中国买电影票很简单，只需动动手指即可，简单到就像说出“我想看电影”一样。随着中国科技的发展，你会发现，像买电影票这样的事情，已经十分便捷了，用手机就能操作。

我个人喜欢使用微信购票。只需点击微信中的“钱包”，然后点击“电影票”，就能够看到附近影院当前上映的影片列表。购票时只需点击离你最近的影院，选择你想看的影片及场次，选好座位，提交订单，再点击支付按钮（通常为红色）即可。之后，会生成一个二维码，用来在影院兑换实体电影票。如果你不会用微信购买电影票的话，也可以直接去

电影院前台购买。

有趣的是，每周都会上映各种类型的电影。动作片、科幻片、动画片，甚至音乐剧，都可以随意选择。此外，如果你只想看英文原声电影，也不用担心，因为现在大多数进口影片都以原语原声播出，配中文字幕。即使是中文电影，也通常会有英文字幕。

几点建议：

- 在中国可以看到许多外国影片，但还是建议在影片上映的一到两周内及时观看。影院同时上映的电影很多，但是有些电影很快就会下线，别错过。
- 要想利用现代科技，最好有准确的 GPS 定位。
- 如果担心看不懂手机上的中文界面，可提前去商场或电影院，让别人帮你。譬如我在成都，当地人都很热心肠，乐意帮助我这样的外国人解决困难。
- 如想有更舒适的观影体验，不妨多花点儿钱，买贵宾票，那样就可在舒适的躺椅上享受观影的乐趣了。
- 建议使用百度翻译。百度翻译可以提供清晰的双语对译，甚至可以翻译图片中的文字内容。它对解决交流问题也大有帮助。
- 最后，最好将取票二维码截图，这样就不用再次费力去找二维码了。

姓　　名： 思言
国　　籍： 尼日利亚
就读院校： 电子科技大学
在华时间： 7 年
居住城市： 北京、成都

中国戏曲真能看懂吗?

说起中国戏曲，大多数人首先想到的可能是京剧。虽然京剧是中国最著名的戏曲形式，但不是唯一的，也不是最古老的。我自己虽然没有看过京剧现场演出，但我有幸在中国国家大剧院看了昆曲。昆曲是中国现存戏曲中最古老的一种，对其他形式的戏曲，尤其是京剧有着巨大影响。京剧中的大量曲目就来自昆曲。

我去看的昆曲改编自中国四大古典名著之一的《红楼梦》，分两个晚上演出，每晚演出三个小时。大多数昆曲剧本都有着深厚的历史背景，许多历史典故也使昆曲不易看懂。现在许多人可能会问的问题是：外国人能看懂吗？如果看不懂，为什么还要去看呢？老实说，我能理解的戏曲内容也不多，而且大多数去看戏的外国人也看不懂多少。对许多人来说，看戏时是否理解戏曲的内容并不重要，关键在于是否喜欢舞台表演。

在舞台的一侧配有中文字幕，对白和演唱都有，但我并没有太关注字幕，而是把注意力放在了演员的唱腔和乐队的伴奏上。主角们的声音既有力又温柔优雅，他们演唱的声音和我以前听过的任何声音都不一样。有人可能会认为看完这么长的戏很难，但我发现看戏的过程中时间反倒过得飞快。热衷高雅文化和美术的人一定要看看中国戏曲表演。

如果想体验或学习中国戏曲，请注意以下几点：

- 在中国，有不少表演值得一看。几乎每个大城市都有各种各样的剧团演出，因此，无论你在中国生活还是旅行，一定要去看一场演出。
- 不用担心理解不了节目的内容，看演出本身就是很愉快的体验。
- 如果想深入了解你打算看的戏剧，可以事先上网查找关于该戏剧的介绍，以便更好地了解其历史以及重要场景和涉及的历史典故。
- 对于会说汉语或正在学习汉语的人来说，虽然只是去看一场戏可能对提高汉语水平没有多大帮助，但学习中国戏曲是提高汉语水平的一个很好的方法，并能加深你对中国历史和文化的了解。
- 如果想在北京看演出，强烈推荐去国家大剧院。票可能比其他地方贵些，但物有所值。
- 如果想看得更清楚，建议坐二楼正座，观赏效果比一楼戏池的座位好多了，而且人还不多。

姓　　名：李云起
国　　籍：加拿大
就读院校：北京语言大学
在华时间：2 年
居住城市：北京

哪些电视剧有利于外国人学习汉语呢?

现在，来自世界各地的外国人都开始学习汉语，了解中国文化，品尝各种各样的中国美食。很多人会想有没有能一边放松一边提高汉语水平的方法呢？我觉得，看中国的电视节目就是一个很好的解决办法。你可以坐下来，好好放松，吃点儿零食，然后看着自己的语言不断进步。

第一种十分有利于语言学习的电视节目就是动画片，老少咸宜。我自己喜欢的动画片系列包括《大头儿子和小头爸爸》《喜羊羊与灰太狼》。这些动画片很容易看懂，因为毕竟是给小孩儿看的，里面用的口语比较简单，词汇量也不大，没有书面语或成语之类的复杂内容。动画片可以帮助各年龄段的人增加词汇量，轻松理解情节，提高语言水平。

第二种有助于外国人学习汉语的电视节目是音乐或娱乐类节目。比如《中国好声音》这样的歌唱类电视节目就非常好，还有脱口秀和智力竞赛等节目也很棒。这些电视节目有助于外国人了解中国主流媒体的一些内容，适应中国人的常用口语表达方式和说话速度，甚至可以认识很多中国的明星和歌手。看流行娱乐类电视节目会让人感觉很兴奋，既可以了解最新的时尚潮流，又可以感受不断发展的中国社会。

最后，美食类电视节目能帮助外国人了解中国的烹饪方法、食材用料和饮食风俗。中国菜流派众多，每个地方都有特色菜，都很不一样。通过电视屏幕，观众可以看到很多让人垂涎三尺的中国菜。因为吃饭在中国人的生活里占有很重要的地位，所以看美食类节目能增进外国人对中国文化的了解。《舌尖上的中国》是我十分喜爱的电视节目，这个节目展示了中国各个菜系和每个地方的特色菜。高清的影像加上满桌的美味菜肴，真是让人欲罢不能啊！

外国人看中国的电视节目真的会对自己的语感、听力理解和听力速度有很大的提高，试试看吧！祝你们看得开心！

以下是我的一些建议：

- 记得每天晚上或者节假日留出一定的时间来休息休息，看看中国的电视节目，练练听力。确定一个固定的时间段有助于养成观看的习惯哦！这样不仅可以更好地了解中国文化，更重要的是能尽快熟悉地道的汉语表达。
- 从动画片开始看是一个不错的选择，因为它们语言简单，情节有趣，比较适合刚来中国的外国人。
- 尝试看电视连续剧和纪录片。看电视剧可以让人沉浸到情节中去，感觉会很棒；而情景喜剧类电视剧中会有很多的常用口语表达方式，还有真人秀也很适合学习汉语。
- 试着看一些与你本国电视节目类似的中文电视节目，比较其中的故事、情节和人物。选择的种类要丰富，最好的就是动画片、喜剧、烹饪节目和连续剧！

姓　　名： 蒋文琦
国　　籍： 美国
就读院校： 南京师范大学
在华时间： 1年
居住城市： 南京

如何看电视学汉语?

你会感觉用书本学习汉语很无聊吗?好消息来了!看电视学汉语一样有效,而且可以带来更多的收获和体验!通过看电视,你可以在学习语言的同时了解中国的社会、文化和历史。当然,如果想使这种方式的学习效率最大化,你需要考虑不同方面的问题。

每一种电视节目的种类都展示了中国语言和文化的不同方面,根据情况和环境的不同,在习语、称呼、正式和非正式表达方式的使用上都会有所不同。确定每种电视节目所使用的语言类型将有助于你学习你想学的汉语。

你想学书面的现代汉语吗?新闻频道是你的最佳选择。这种正式的语言也用于报纸、官方声明和学术界。你也可以观看访谈类的电视节目,如《一虎一席谈》,直接从来自不同领域的专家身上学习如何用书面汉语进行比较正式的讨论。

如果你想紧跟所谓的网络语言、最新笑点和其他口语表达方式,那就选娱乐节目吧!你喜欢音乐吗?试试《歌手》和《中国新说唱》,你会认识中国各种类型的歌手。另外,《奇葩说》也是很好的选择,一些来自不同领域的达人会就各种话题展开激烈的讨论。

当然,我们也不能不提电视剧。通过电视剧,你可以直接观察在不同的生活场景中人们是怎么说话的,从而学到各种习语、表达方式、笑话等。中国电视剧主要有两种——古装剧和现代剧,分别展现古代和现代的中国。

虽然古装剧里的汉语现在已经较少使用,但学习这种语言有利于了解中国的传统文化。此外，有时用这种古老的语言开玩笑会让你的中国朋友感到惊讶，他们可能会很乐意跟你聊起相关的话题。我提几部个人喜欢的反映不同朝代的电视剧作为参考：《延禧攻略》、《如懿传》（以上为清代），《知否知否应是绿肥红瘦》（宋代），《三国演义》（三国时期）。如果你想看现代剧的话，推荐最近很火的《都挺好》。

小贴士：

- 你可以上央视网、优酷、爱奇艺、腾讯视频之类的平台，里面有很多不同种类的节目和电视剧。
- 你想学什么样的汉语，就选什么类型的节目。
- 一般来说，电视剧和电视节目都带有中文字幕，你可以不时地把视频停下慢慢看字幕。当然，如果你想看英文字幕的话，建议你使用国外浏览器和英语名称搜索。
- 记得做笔记！你可以对每个节目和电视剧分别做笔记。把各个单词或者表达方式及其意思记下来（中英文都行，只要方便就可以）。有时候，我甚至会把整个对话记下来，这样就可以好好体会语境、语气和语感了。
- 好好观察谁在说话、什么时候说话、怎么说话。说话人的用词和表达方式反映了一个人的性格和身份（身份是由不同因素决定的，比如年龄、经济条件、出生地等），其语速、语气和语调会根据不同情况和场合而改变。
- 最后，你要牢记，通过看电视学语言需要有高度的判断力和把握分寸。你要知道怎么分辨学什么好，在什么样的场合下说什么最合适。

姓　　名：安君傲
国　　籍：墨西哥
就读院校：北京大学
在华时间：7 年
居住城市：北京

中国学生喜欢玩儿什么游戏？

当你与中国朋友在一起的时候，跟他们一起玩儿棋牌游戏会给你带来更多的乐趣。这时候，如果你因为不熟悉棋牌游戏的规则而选择不参与游戏，就会显得格格不入。相反，熟练掌握各种棋牌游戏规则会让你在必要的时候大显身手——不管玩儿什么游戏，总能够应对自如。当游戏缺少足够的玩家时，如果你能够填补空缺，大家都会感到十分开心。

在中国，常见的棋牌游戏主要有“双升”“斗地主”“三国杀”“麻将”等。这些游戏的规则也因地而异。在这些游戏当中，“斗地主”适合3至4人玩儿，“双升”和“麻将”是4人游戏，“三国杀”则适合2至8人一起玩儿。“斗地主”和“双升”以两副扑克牌为主要工具，而“三国杀”和“麻将”则需要准备相应的装备。随着科技的进步，这些游戏已经被开发成手机应用程序，如果你希望自己能够打一手好牌，可以先在手机上安装相应的应用程序，通过不断的练习来提升游戏技能，增加游戏知识。

除了上述棋牌游戏，“狼人杀”和“谁是卧底”也是中国很常见的游戏。和棋牌游戏相比，这种团队游戏更加有意思，也能给游戏者带来更多的惊喜。这些游戏今天都已经不需要准备工具了，通过微信里的小程序就能玩儿。这在某种程度上可以保证游戏规则的正确执行，让大家在游戏中能够有更多的精力来发挥自己的幽默感和魅力。

关于上述各类游戏的规则，感兴趣的朋友可以直接通过网络来了解。不过，在与中国朋友一起玩儿游戏之前，还是应该跟他们确定一下具体的游戏规则，就像上面说的，即使是同一款游戏，在不同的地区也有不同的玩法。

几条建议：

- 中国的每一种棋牌游戏都源自特定的时代背景，比如说“三国杀”的背景是中国汉朝末年的三国。因此，外国朋友也可以通过棋牌游戏来了解中国的历史文化。
- 在中国，棋牌游戏除了游戏功能之外，还是一种强有力的社交工具。中国人认为，棋牌游戏中的玩家所展示出来的品性，就是他在现实生活中的品性，通过棋牌游戏，可以增加玩家们彼此之间的了解。
- 棋牌游戏不仅仅存在于大学宿舍中。对于想要体验中国生活或者到中国各处旅行的外国朋友来说，掌握了棋牌游戏便是掌握了一门交流的技术。
- 别忘了在手机中下载微信，成为微信用户。在中国，没有微信真的会寸步难行。

姓　　名： 陈立瑜
国　　籍： 马来西亚
就读院校： 北京大学
在华时间： 8 年
居住城市： 北京

学习陶艺是一种独特的文化体验吗？

中国传统手工艺种类繁多，其中最著名的是剪纸、中国结、风筝、刺绣和中国陶瓷。来到中国之后，你会有许多机会学习传统手工艺品的制作。在北京几乎可以体验到中国的所有手工艺，只需要腾出时间、找到合适的地点即可体验。

虽然我个人没有机会在中国制作陶瓷，但我觉得这是中国最有趣的手工艺。中国陶瓷有几千年的历史，在全国各地都有许多窑址。每个窑址都有各种各样的工艺和釉料，每一个工匠都有自己的独到之处。历史学家可以从中国陶瓷中获得很多信息，几千年的文化和生活方式都在中国古代陶瓷上有所体现。

中国各地都有陶艺培训班，每个陶艺班都因所处地域不同而有所差别。虽然在北京可以体验陶艺，但我还是建议你去参观几个著名的窑址。景德镇以青花瓷闻名，宜兴以紫砂壶而闻名，我个人最喜欢的是龙泉青瓷（产自浙江省南部的小山城龙泉）。每个地方都有自己独特的风格，不同窑址之间的主要区别之一就是使用不同的黏土。

虽然大多数陶艺培训班教的都是最基本的陶器制作工艺，但你也有机会学到更多，尤其是在著名陶器的发源地。我个人喜欢收集中国陶瓷，于是一些陶艺技师邀请我在假期或其他空闲时间和他们一起去龙泉免费听课。如果你真的对陶艺感兴趣，那么在中国就不难交到朋友了。中国人通常会尊重那些对中国手工艺有兴趣的人，尤其是像陶瓷这样的重要的中国文化元素。与这一领域的人建立联系，将使你对中国文化和历史有更深的了解，并有助于提高你的汉语能力。

如果你对中国手工艺感兴趣，以下是一些建议：

- 高校经常为外国学生组织活动，这是一种很容易体验中国手工艺的方式。
- 在制作中国手工艺品之前，最好先熟悉其起源和背后的一些历史。中国的手工艺品在历史上是最突出的，值得研究。
- 在中国，手工艺不仅是孩子的体验活动，而且在整个中国文化中都具有重要意义。手工艺能提高人的文化洞察力，而了解中国文化和历史是学习汉语的必要条件。
- 你不必担心自己不擅长手工艺，重要的是你能从各类中国手工艺的课程中学到什么。

姓　　名： 李云起
国　　籍： 加拿大
就读院校： 北京语言大学
在华时间： 2年
居住城市： 北京

如何在北京欣赏艺术？

我们很难给艺术下定义，因为它涉及相当广泛的领域。从音乐到戏剧，从手工艺品到美术作品（譬如绘画），等等，都属于艺术的范围。我的目的不是告诉你什么可以被定义为艺术，而是想说北京汇聚了各种艺术形式。传统艺术在中国受到重视，北京作为中国的文化政治中心尤其如此。

想体验中国的艺术并不难，北京就有许多博物馆和剧院，在那里可以欣赏到中国的传统手工艺、戏剧、音乐等。但我认为大多数外国的年轻人都还不了解，但应该会很有趣的则是中国更年轻、更现代的一代艺术家。年轻一代艺术家既受到许多国外的影响，也受到中国几千年历史的影响。虽然中国现代艺术不如传统艺术那么有影响，但也有许多人热心支持，并使其保持活力。

北京有许多画廊，其中最适合欣赏现代艺术和参观画廊的地方是798艺术区。798位于北京市区东北部，离望京SOHO不远，占地面积相当大，得花几天时间才能看完，当然也可以一天看完，这取决于你参观多少画廊以及是不是走马观花。798有各种各样的建筑，其中许多建筑是废弃的旧工厂，但也包含现代建筑，有的是新建的，有的是刚刚翻修的。在798艺术区，除了欣赏艺术和建筑之外，还有许多有趣的商店和比较受欢迎的咖啡馆。这里每周都有新的艺术展，周末特别热闹。

对于那些只对中国传统艺术感兴趣的人来说，北京市中心有很多地方可以去。中国国家博物馆就在天安门广场东侧，在那里你可以了解到很多关于中国历史和文化的知识。中国国家大剧院距离天安门广场也很近，可以直接从地铁站进入，在那里你可以欣赏到中国传统戏剧。北京到处都是艺术，在街上闲逛都能邂逅艺术。

如果你不住在北京，也不用担心，因为在中国各地都可以体验到传统和现代艺术，多数大城市都有地方性的传统艺术博物馆。现代艺术也

在不断发展，成都、杭州、上海等大城市尤为突出，全年都有画廊举办丰富多彩的展览，而且每年都还会举办大型展览。无论你在中国哪里生活或旅行，都会有艺术映入你的眼帘，丰富你的精神世界。

如果你想在北京欣赏艺术，以下是一些建议：

- 首先明确想看哪种传统或现代艺术。如果你想体验传统艺术，那么北京有很多博物馆和艺术中心可供选择。先上网把每个地方仔细研究一下，然后再确定去哪里欣赏艺术。
- 别怕参观的画廊多，很多都是免费的，或者只需要几块钱。我曾经在画廊里和许多人进行了有趣的交谈，这对提高我的汉语水平很有帮助。
- 对于那些对艺术感兴趣的人来说，798 是一个结交朋友和提高汉语水平的好地方。
- 即使对艺术不是很感兴趣，学习一点儿中国传统艺术也能帮助你更好地理解中国的语言和文化。

姓　　名：李云起
国　　籍：加拿大
就读院校：北京语言大学
在华时间：2 年
居住城市：北京

北京哪里最好玩儿？

北京，中国的首都，是一个举世闻名的城市，每年接待上亿的游客，而且数量每年都在增加。北京不仅是中国行政上的首都，而且是公认的中国的文化之都。如果你希望在旅行中多了解一些东西，那么北京是必须要去的地方。北京及其周边地区有七个地方被联合国教科文组织列入世界遗产名录，此外，还有许多历史名胜和博物馆。在中国旅行，如果你想充分体验每个目的地的所有景观，那么北京绝对是需要耗时最久的。

北京有很多值得一看的景点。根据在北京的逗留时间，可以制订相应的计划。如果打算长住北京，当然就可以花更多时间去探索。我自己就做了很多探索，去过北京的大部分景点，有的还多次游览，不过有些不热门的景点还没有去过，有点儿遗憾。我在北京的时候，因为很熟悉北京和这里的大部分景点，所以在节假日和周末会带很多朋友去旅游。如果你准备游览北京，事先一定要做好旅游攻略，比如需要了解景点的地理位置、关门时间、重要景观等。

在北京旅行，如果你没有多少时间，许多景点也可以一带而过；如果你有时间，可以慢慢享受这个城市的一切。北京的许多地方都有相当长的历史，当然也有一些非常现代化的地方，如朝阳区的798 艺术区、三里屯（太古里）或SOHO。不过，要想真正感受北京，最好把时间用在探索每一处历史遗址上。如果是重要的景点，就限定自己每天参观一到两个，以便更深入地了解中国的文化和历史。

以下是游览北京景点的一些建议：

- 在北京及其周边地区有联合国教科文组织认定的七个世界遗产地，其中有五个我觉得非常值得一看，分别是故宫、天坛、颐和园、长城和十三陵。
- 在北京旅游，你应该定好想去的地方，并按位置和景点关门时间来安排参观顺序。
- 故宫及其周边的公园、胡同、博物馆和寺庙等都值得一看。
- 长城有很多不同的地段可以看，不要指望一天就能看完。花点儿时间，去一些有名的长城地段，以及一些被大自然风化、废弃的长城地段，这正是徒步旅行的好地方。夏天的时候你甚至可以在长城上睡一晚，看看星星，但一定要注意安全。
- 中国国家博物馆可以免费参观，这是一个深入了解中国历史和文化的好地方。
- 北京是中国的文化之都，如果你想了解更多的东西，那就尽量在北京的各大景点多花些时间，避免走马观花。

姓　　名：李云起
国　　籍：加拿大
就读院校：北京语言大学
在华时间：2 年
居住城市：北京

北京的胡同值得一看吗？

北京的胡同很像西方国家的小巷，而且更加舒适。胡同是由一排排中国传统的庭院住宅组成的小巷，有着悠久的历史，是北京市中心的重要组成部分。北京最古老的胡同可追溯到900年前。目前，许多中国人仍然住在这些庭院里，一些商店和餐馆也坐落其中。对许多人（不仅是外国人）而言，北京的胡同是这个城市最有趣的地方。虽然过去许多年胡同的数量一直在减少，但仍有很多值得探索的地方。

北京的胡同有多种类型。有些非常受欢迎的胡同其实就是为了吸引游客而设计的，除非你认为人多拥挤也是看点，否则着实无趣。另一些胡同介于传统和现代之间：个别部位翻修了，增加了现代风格的商店；而其他部位看起来很传统，好像没什么改变。像这样的胡同，新旧之间有一个很好的对比，在周围转转，一天就会过得很愉快。除此之外，还有一些非常传统的胡同，但现在越来越少了。

如果你想看真正意义上的胡同，你可以去南锣鼓巷或者烟袋斜街。南锣鼓巷可能是北京最受游客欢迎的胡同，在那里可以买到很多纪念品、明信片，但质量都一般，还有各种小吃味道也一般。如果你想逛一些商店，又不想人多拥挤，同时还想体验胡同传统的韵味，那么我建议你去雍和宫附近看看（如五道营和国子监）。五道营春秋两季去比较好，自东向西地游览，且行且站，还可以欣赏落日的余晖，感觉非常温馨。如果你想看一下比较原始的胡同，也不必大费周章，因为胡同无非是当地人的住所。

你可以花几个星期去看北京的胡同，但是如果你只是想找一天去体验其中的乐趣，我建议你从雍和宫、国子监和孔庙走到鼓楼、钟楼和后海。这样可以体验到许多不同风格的胡同，也可以顺道看看古迹。五道营胡同和雍和宫近在咫尺，在西面和东面的入口处都有地铁站（我建议半夜或深夜去看）。

以下是对北京胡同的游览建议：

- 尽量避开那些景点胡同，人太多了。不推荐购物，因为商品的质量一般。
- 只需一个下午就可以体验到各种胡同，随便走走看看就可以。即便在景点胡同范围，也都有值得一看的胡同。
- 很多胡同里的院子仍然是民宅，看看可以，但别让人感觉不尊重人家。
- 去一些小众的胡同，尝试着用汉语和当地人交流，这是提高汉语口语和听力水平的好方法。我对汉语的信心也是在认识了五道营胡同的几个当地街坊之后才慢慢建立起来的。

姓　　名： 李云起
国　　籍： 加拿大
就读院校： 北京语言大学
在华时间： 2 年
居住城市： 北京

中国的 KTV 是什么样的？

听说卡拉 OK 在中国是非常受欢迎的社交活动，我的第一反应就是：为什么我会想站在一群我不认识的人面前唱歌？在加拿大，卡拉 OK 大都是在酒吧，这种娱乐方式很容易让自己在众人面前出丑。但和加拿大不同，中国的卡拉 OK 通常是在私密空间演唱的，这点对于那些人前容易紧张和拘束的人来说，是幸运的。

在中国，有很多 KTV，它们会为你和你的朋友提供一个舒适有趣的环境，这与国外酒吧每周一次的卡拉 OK 之夜大不相同。去 KTV 唱歌，通常是订一个规模适中的包间，和一群朋友或同事一起唱歌，还可以买上一堆饮料和小吃。KTV 设施一般都不错，价格根据包间的大小和所处的城市及位置而有所不同。有些 KTV 比较豪华，也更贵，但是可选的歌曲也更多。

你不仅可以经常和朋友一起去 KTV，也可以和同事一起去。如果你在中国学习，根据你的朋友圈和个人爱好，你可以时不时地去 KTV。如果你在中国工作，许多公司会不定期地组织聚会，包括出去吃晚饭，饭后一起去 KTV。这些聚会就是为了在朋友和同事之间建立更牢固的关系，虽然可能免不了喝酒，但不喝也没关系的。

不会唱中文歌的人不必担心，因为 KTV 中通常有大量的英文歌曲和其他语言的歌曲可供选择。当然，对于那些能唱中文歌的人来说，聚会可能会更有趣。中国朋友通常会对你留下深刻的印象，尤其是如果你熟悉并能

唱很多中文歌曲的话。对于刚来中国的人来说，这是一个很好的与别人建立联系、结交新朋友的方式。

一些建议：

- 学习中文歌曲是提高汉语水平和增加词汇量的好办法。歌词也经常很有诗意，通过学习，你可以对汉语有更深的了解。
- 不太会唱歌也没关系，你和朋友们玩儿得开心是最重要的。
- 如果你想邀请朋友去KTV，去之前，要考虑一下有多少人要去，你想花多少钱，然后选择一个合适的地方。
- 如果你和朋友一起去，可以采用AA制或者大家轮流请客。如果是工作单位组织的，比如单位的定期聚会，就用不着自己掏腰包了。
- 如果你真打算喝酒，得考虑喝多了怎么回家。如果你和好朋友在一起，就不用担心了。中国人一般都很关心朋友，会把他们安全送回家。

姓　　名： 李云起
国　　籍： 加拿大
就读院校： 北京语言大学
在华时间： 2年
居住城市： 北京

哪些娱乐应用程序能带你乐？

无论你来中国学习还是工作，生活中都需要一点儿乐趣。当你感到孤独寂寞或者枯燥无聊的时候，当你对周围的事物不再感到新鲜的时候，下面推荐的娱乐应用程序不仅可以丰富你的业余生活，而且还可以让你从各种角度体验不同的中国。你需要做的，只是动动手指而已。

看电影、电视剧或综艺节目可以下载优酷视频和爱奇艺。如果你是球迷，那就赶紧下载腾讯视频，这样就可以时刻关注各种体育赛事了！

如果你喜欢沉浸在音乐的海洋，QQ 音乐和网易云音乐则是不容错过的选择。QQ 音乐曲库又大又全，中外歌曲都有，更新速度也很快；网易云音乐有一项特殊功能——每日推荐。很多中国人都用网易云，上面还有许多不知名音乐人的作品。而且如果你经常听的话，它能把你的音乐品味摸得很准！

你还可以试一下不同的听书应用程序。懒人听书里能听到小说、曲艺等各种文艺作品。喜马拉雅则更进一步，它不仅仅能听电子书，还支持某些汉语教材语音的在线收听，这是不是能够提高你的汉语水平呢？

最后，我最想向大家推荐的是目前在中国非常流行的短视频应用程序抖音和快手。在这里，五湖四海的朋友一起分享生活的精彩瞬间，点一下屏幕，就可以和他们一起感受生活的美好。通过这些应用程序，你还可以更多地了解中国。大家上传的视频种类五花八门，比如美食烹调、跳舞唱歌、时尚穿搭、工作现场，还有外语学习，什么都有。当然，你还可以制作自己的视频，和大家一起分享。

有了以上的应用程序，你的生活会变得更加丰富多彩。还等什么？开始享受你的中国生活吧！

几条建议：

- 使用这些应用程序时需要比较多的流量，建议大家在 Wi-Fi 环境下使用，或者将内容提前下载到手机上，这样在户外使用时不会消耗流量。
- 以上应用程序中，有些项目不是免费的，必须先办好中国手机卡并绑定银行卡，支付后才能使用。
- 在中国使用国外的应用商店会有限制，可以先办好中国专用的应用商店账号，或者从百度下载 apk 格式文档后自行安装。
- 有些应用程序和 SIM 卡运营商合作，让你享受更低廉的价格，没有流量限制，可以随心所欲、随时随地欣赏。

姓　　名：黄兰雅
国　　籍：韩国
就读院校：北京语言大学
在华时间：7 年
居住城市：北京

你想拥有多姿多彩的学生生活吗？

中国是一个生活和学习的好地方。我现在就读于北京语言大学，学校每年都会举办各种活动，为学生生活增添色彩。学校里有音乐社、体育社、学生组织 AIU（国际交流协会），这些社团每年也有许多比赛。这些活动为我们学生提供了结识来自世界各地的优秀人士的机会。因为比赛一般都使用汉语，所以对提高汉语水平也非常有帮助。

记得刚到北语上学的时候，我非常羡慕我的同学，因为他们能用当时的我认为无法达到的流利汉语在舞台上表演。没想到两年之后，我也登上了舞台进行表演，做成了原本认为不可能的事。

这一切都源于我来中国的第三年年初发生的事情。当时我的汉语讲得还不错，但我知道如果想提高，那就得靠自己努力。不幸的是，自从在小学五年级的一次诗歌朗诵会出现严重失误之后，我就非常怯场，不敢再登台。不过，我真的很想参加团体活动，认识更多的人。一个朋友告诉我，学校马上要举行演讲比赛，并给我发了链接。我原本只是想多了解一下活动的相关信息，但在填写完个人信息后不久，就接到了办公室的电话，说我已经算是报名参赛了，一周后进行初选，我要为此准备一篇简短的演讲。如果不是办公室一再让我参加比赛，我是不会去的。令我惊讶的是，我在第一轮比赛中名列第二，一个月后在决赛中获得第三名。在学生组织 AIU 那段时间，通过与教师和中国志愿者为期数周的紧张准备和合作，我也极大地提高了汉语水平和信心，并在此过程中结交了一些好朋友。从那以后，我跟别人搭档主持了两次学校活动，现在

正在参加中央电视台汉语之星比赛。

当然，如果你不擅长，也不必登台表演。AIU 学生组织让留学生有机会与中国学生交流，一起做一些有趣的事情，比如免费参观博物馆、聚餐和玩儿游戏。有时候学校还组织免费旅行，如参观长城或去外地游学。对于音乐爱好者来说，学校每年举行的备受期待的歌唱比赛是一个展示才艺的好机会。

加入学生社团不仅仅是为了学习汉语。加入一个学生组织能让你收获一些课堂上学不到的东西，比如通过合作获得的真正的归属感、真正的中国大学经历和持久的友谊。

几条建议：

- 尽管学生社团投入了大量精力招收学生，但实际上参与的人并不多。我认为这可能是因为许多学生对自己的语言能力缺乏信心。别让这一点影响你！鼓起勇气，大胆加入吧，你不会后悔的。
- 害怕你的汉语还不够好？别担心！在舞台上忘记台词并不能称之为失败，登上舞台去尝试从未做过的事情已然是成功。
- 负责这些活动的学生社团会付出很大努力来帮助你准备比赛，你的汉语水平一定会有显著提高。
- 中国大学的学生社团都极为多样化，因此很难说什么适合你。不管从哪个角度看，加入学生社团都是你结交朋友的好方法！

姓　　名：于泽熙
国　　籍：美国
就读院校：北京语言大学
在华时间：4 年
居住城市：北京

购在中国

中国有没有购物狂欢节？

中国有没有购物狂欢节？当然有！在中国最早出现也是最大的购物狂欢节就是“双十一”，这一天也是中国民间戏称的“光棍节”。光棍节最早出现在 20 世纪 90 年代，当时南京大学的学生把 11 月 11 日当作庆祝单身生活的节日。2009 年，也许是想让单身男女免受朋友“狗粮”的暴击，阿里巴巴在“双十一”这天举办了一个大型网上购物活动。“单身狗”们可以在家逛淘宝或天猫，通过购物来忘却孤单的感觉。现在，由于“双十一”的巨大影响力，几乎所有人都抓紧 11 月 11 日的每分每秒在网上购买特惠商品。

在“双十一”这一天，淘宝、天猫等购物应用程序的所有店铺都有大型优惠活动，比如大降价、送赠品等。这一天的购物方式也是五花八门。一些店铺在 11 月 11 日零时刚过就开始大促销活动，购物者可以在这时候秒杀喜欢的商品。还有一些店铺（通常是大品牌的店铺）要求顾客先付定金，然后在 11 月 11 日当天再支付余款。

为了让“双十一”的购物气氛更加热闹，从 2015 年起，阿里巴巴还在这一天在北京、上海、深圳等大城市举办大型的音乐会，并且在电视上直播。

除了“双十一”，在 12 月 12 日，即“双十二”，淘宝和天猫也会举办类似的购物活动。没赶上“双十一”的人可以在“双十二”继续买买买。不过，“双十二”的优惠可能没有“双十一”的大。

对女性来讲，3 月 8 日妇女节是另外一个非常重要的购物节。淘宝和天猫的化妆品店在这一天会有很多促销活动。很多人在这一天一次性买齐可用于一整年的化妆品。

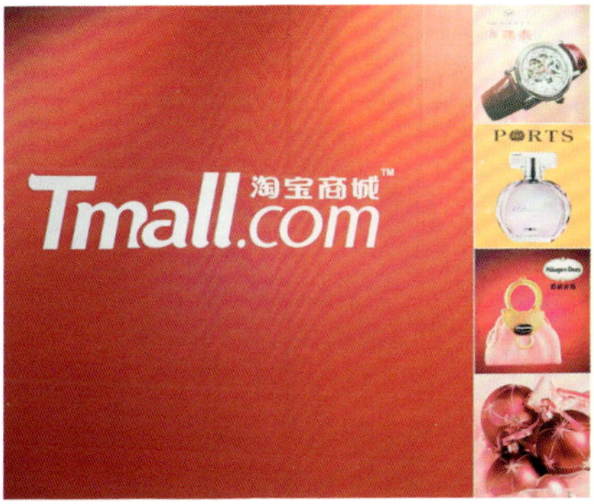

为了让网上购物更加顺利，请参考下面几个购物秘诀：

- 在购物日前三到四周，各店铺就会开始注明购物节的优惠内容。购物者可在这段时间逛逛各种店铺，然后对优惠前后的价格进行比较，以便做出决定。
- 对于那些肯定要买的商品，先把它放进购物车里。在 11 月 11 日零点后，马上进入购物车并迅速付款。对于需要交定金的商品，可以在 11 月 11 日前交定金，这样就可以保证你一定能买到这个商品。
- 有些店铺也会先把自己商品的价格抬高，然后在“双十一”做降价活动，降价后的价格跟平时的价格其实差不多。为了避免上当，最好的办法就是经常逛逛淘宝和天猫，了解这些商品平时的价格。
- 除了降价和送赠品之外，一些店铺还送优惠券。通常是当购物达到一定的金额后赠送。
- 在“双十一”那天，疯狂的购物会让你花掉一大笔钱。所以，你要事先做好预算，一旦花完计划的额度就停止购物，否则你可能会“破产”哦！

姓　　名：陈氏芳莲
国　　籍：越南
就读院校：北京语言大学
在华时间：4 年
居住城市：北京

网上购物能买到优质产品吗？

除了无法像在商店里一样亲眼看到或亲手摸到想买的产品之外，网上购物还是很完美的。网上的产品种类特别丰富，任何你想买的都能找到，比如服装、电子产品、家具、自行车、厨房用具，甚至新鲜的肉与蔬菜等，价格也都比较合理。而且这些东西你只要坐在家里沙发上就能买到，门都不用出。

如今，只要一提到中国，人们首先想到的就是网上购物在中国的流行。这在某种程度上应归功于电子支付服务的出现，比如微信和支付宝，不仅支付速度快，而且注册相对容易，可以立即开始购物。网上购物虽然很方便，但每次一说起来，大家还是会有一些疑问，比如：从网店购买的产品质量如何？在这些平台上购物是否安全？产品实物与图片一致吗？网购比去超市或购物中心买好吗？……这些问题的答案取决于多方面的因素。

网上购物跟在实体店或市场买东西一样，一定会遇到假货和仿品，这是无法避免的。但是我们可以采取一些措施来避免买到这些劣质的商品。

以下就是我的一些建议，可以使你的网上购物更顺利、更称心：

- 慢慢来，别着急。除非你要找的东西很紧急，否则尽量多花点儿时间去浏览尽可能多的网店和产品。耐心点儿，你拥有的信息越多，你购买的满意度就越高。
- 最有名的三大在线购物网站是淘宝、天猫和京东。淘宝是其中店数最多、规模最大的，但是在产品质量、送货速度和客户服务方面达不到天猫与京东的水平。如果你对质量要求高或者想买品牌产品的话，我建议你在天猫或京东购物。
- 尽量不要买评价少的产品。如果搜索的结果只出来两三个产品，而且评价也特别少的话，你可以在百度查一下该网店的运营时间，以便确定其是否可信。
- 别忘了使用搜索的筛选功能。你可以根据各种标准进行排序，比如评价次数、知名度、价格等等。也可以选择只显示你感兴趣的品牌。这个功能不仅可以让你每次都买到更优质的产品，而且可以节省你很多时间。
- 最后也是最重要的建议，牢记购物的黄金法则，一分钱一分货，价格低经常等于质量低，买东西的时候一定要在价钱和质量两方面做好权衡。

姓　　名：高汉智
国　　籍：秘鲁
就读院校：北京语言大学
在华时间：3 年
居住城市：北京、贵阳

购物时如何省钱？

坦率而言，又要买东西又想省钱没有想象中的那么难。你可以选择中国一些热门的购物方式，如去商场或超市购物，或是进行网购，其中最省钱的当然是网购。一些大型的网购平台可以帮你节省大量金钱和时间。中国最受欢迎的几家电商平台有天猫、淘宝、京东、一号店等。

首先，产品价格客观合理。如果你买的商品较多，还可以和卖家砍价，他们通常会给你一些折扣。下单前可以货比三家，并选择性价比最高的商品。购物或平台搞活动时，可以获得一定的积分。注意，积分不能提现，但可以在付款时使用，抵扣一部分货款。

电商平台上的许多店铺也提供折扣券，购买商品时可以使用。有时候，可以在购物价格达到一定标准时使用优惠券。买的商品越多，省的钱也越多，但要注意优惠券的有效期和使用限制。

一些网店定期促销，商品折扣力度很大。还有许多购物狂欢节也能帮你省钱，在此期间购物非常优惠，别错过这些购买心仪商品的良机。一些产品也经常有“秒杀”活动，售价比平时便宜很多。如果有想购买的商品，那就相当省钱了。

每年淘宝、天猫、京东等电商平台还会举办大规模的“双十一”和“双十二”购物优惠活动。参与活动的商家很多，而且折扣力度很大，所以这是一年中网购的最佳时节。但也有一个弊端，由于购物人数太多，所以送货时间相对较长。在这种情况下，你就要权衡是省钱还是省时。

省钱的另一个办法是团购，也就是与其他买家同购一种商品，这能比单独购买省不少钱。

如果你喜欢去商场或超市购物，请注意商品旁边的黄色标识，上面用红字写着“促销”，这些商品价格都比平时便宜一些。如果你是商场的常客，也可能经常获赠一些打折卡。

以下是在中国网购的一些建议：

- 如果要使用网购应用程序，必须注册账户。
- “双十一”和“双十二”促销活动每年11月11日和12月12日举行。
- “双十一”和“双十二”期间，送货速度减慢，所以如果你想早点儿收货，最好别在这段时间网购。
- 在许多商家购物，都可以积分，累计到一定数量就可以换购商品。
- 如果你想在最短时间内收到货物，最好去京东购物，京东上的大部分商品都是次日到。
- 如果对买到的商品不满意，你可以申请退货，但通常要支付退货产生的运费。

姓　　名：达莎
国　　籍：白俄罗斯
就读院校：北京语言大学
在华时间：10年
居住城市：天津、北京

对于新来中国的人来说，**购物容易**吗？

当你们中的一些人第一次来中国时，要想买到最基本的日用品，比如毯子、盘子、杯子和其他需要的东西，其实不容易。你们中的一些人可能会说，去附近的任何一家商店买不就行了吗？作为一个初来乍到的外国人，语言障碍往往导致沟通困难。如果不会说汉语，你会发现去市场上买东西很困难，因为需要问价格，还要讨价还价。

在来中国之前，有没有想过你可能在一个地方买到你所需要的一切？我想说的是在中国，购物就是那么便利！我来中国之前，从来没有想过购物会这么方便，我想你也可能和我有一样的感受。

你需要知道的第一件事就是，网购时需要办一张中国的银行卡，并且要开通网上支付。开通在线支付后，就可以绑定银行卡，然后使用各种应用程序在线购物了。你还可以将银行卡和微信支付或支付宝绑定，那么在商店购物时就可以更轻松地付款了。

购物真的比你想象的要容易得多，你想要的一切都可以在网上找到，当我说“一切”的时候，我真的是指所有的“一切”。你可以通过很多应用程序购物，比如淘宝。你想要的任何商品，几乎都能买到。你可以对不同商家的产品进行比较，付款后会送货上门。购买电子设备，可以上京东，虽然可能比淘宝贵一点儿，但可以保证质量。如果着急，想在购物当天收到商品，那么最好选择京东，有时甚至早上付款当天就能到货。

如果住在校内，请咨询学校管理员，问清楚如何正确填写收货地址。大多数学校的某个校门外都有收件箱，可以通过取件验证码取件。商家发货后通常会给你发一条短信，告知包裹何时到达；包裹到达后你还会收到一条短信，告诉你在哪里取件。如果包裹需要当面签收，那么快递员会给你打电话，告诉你何时何地取件。

网购时，如果对买到的商品不满意，可以与商家协商退货、退款或是换货。另外，如果在实体店看到喜欢的东西，但不知道如何在网上搜索，可以用手机拍照，淘宝等应用程序会通过照片识别帮你找到相应的产品。我就经常用照片来搜索商品。

在中国的任何一个电子商务网站上在线购物，都会让你在中国生活得更加舒适。

以下是一些在网上购物的建议：

- 多下载几个中国流行的购物应用程序。可以通过在线搜索或请教中国朋友来了解这些应用程序。
- 网上购物前一定要先办理银行卡。
- 购物之前，可以问一下你的老师或朋友，最近的收件箱在哪里。（与西方不同，中国的收件箱不是个人专用的，只需输入一个取件码，包裹所在的箱子就会自动打开。）
- 必须清楚一点，网购时，包裹有时需要三到四天才能送达。
- 收到商品后，请记住对其进行评价，这样可以帮助其他用户了解该产品的质量，并可以因此获得积分，以便将来购买时享受一定的折扣。
- 网购时，不要让卖家加你微信，通过微信转账；也不要泄露你的卡号或任何其他个人信息。只通过购物平台付款，以免被骗。

姓　　名：李欣悦
国　　籍：埃及
就读院校：北京语言大学
在华时间：6年
居住城市：北京

在中国网购安全吗？

网上购物也许是当今中国最发达、最繁荣的产业之一。对绝大多数中国人来说，网购是家常便饭。网购将世界各地的人联系在一起，让生活更加便利。每天，数以百万计的商品通过在线平台和快递公司销往世界各地。

总的来说，网上购物是安全的，但是，就像所有美好的事物常会有一些瑕疵一样，网购也有一些陷阱。事实上，购物的安全性几乎完全由买家决定。购物过程中，如果发生任何问题，你有很多方式保护自己的财物安全。

首先，要使用一个口碑好的网购应用程序。这样的程序有很多，最受欢迎的是淘宝、京东和天猫。这些应用程序上的卖家会定期受到监管和检查，所售产品绝大多数都是正品。但要记住，同类产品质量各家会有差异，但同一品牌质量应该是一样的。

使用这些应用程序购物时，有一些事项要注意。在购买商品之前，一定要看看评价。如果好评很多，而且是真实的好评，商品应该不错。如有图片，那就更好了。另外还有一项安全保障，如果担心质量及可能会退换货，可以在付款时额外花几块钱购买退货运费险。如果对商品不满意，商家将退还购物款和运费。使用网购应用程序时还可以选择“货到付款”，这就又多了一重保护。

收到货物后，务必尽快打开检查。如果不满意，可以当场拒收。之后要在网上处理一下退货及其他流程，但是不需要把包裹拿回来，除非想拍照提供质量有问题的证据。

大部分人都是通过支付宝或微信支付进行付款的，这本身就有潜在风险。由于有大量的个人信息与上述两个账户绑定，如果有人盗用你的个人信息，那么账户也很容易被盗用。个人信息，包括密码、银行卡号、验证码等，都应保存好，别让他人看到，以确保安全。

针对这个问题你可以采取的预防措施是开立两个银行账户，一个用于付款，一个用于存钱，密码设置得复杂一些，并且定期更新。

当然上述保护措施通常也不是必须采取的。也就是说，网上购物非常安全，在大多数情况下都不用买退货运费险。网上购物的快递系统规范、发达，因此使用这种便捷、现代化的购物方式的风险极低。然而，网上购物前一定要比较不同商家的信誉、价格以及商品的其他相关信息，降低风险，知道如何保护自己，这绝对是必要的。

关于如何提高在线购物体验的几点建议：

- 千万要在购买前看好相关信息。如果没有任何评论，请在线搜索卖家信息，确保卖家值得信赖。
- 如果你购买的商品有可能会在运输途中损坏、腐烂或变质，请尽可能多地采取一些预防措施。
- 询问同学或朋友，看他们以前从哪些商家购买过，这样能了解到哪些卖家值得信任，哪些不值得信任。
- 如果商品看起来太好了，都让人不敢相信了，那么别轻易相信！如果其他卖家都以500元的价格销售，而只有这一家以200元的价格销售，那就要格外小心了！

姓　　名：雷皓翰
国　　籍：美国
就读院校：北京语言大学
在华时间：2年
居住城市：北京

你能在中国买到自己国家的食品吗?

当你在国外求学时，长时间离家在外，可能会有点儿想家。有时吃点儿家乡的食品也可以缓解一下乡愁，但在中国如何才能买到呢?

如果想购买自己国家的食品和其他商品，有下面几种选择。第一种是显而易见的：去超市。在中国有许多超市，但大多数主要销售中国商品。要想买外国商品，就必须去大型超市，如沃尔玛、麦德龙等。另一种选择是从专门经营外国商品的小商店购买。这样的商店可能很难找，所以最好的办法就是问问其他外国朋友。例如，我的一些印度朋友发现了一家印度餐馆，店主从另一个城镇的一家商店订购特殊的食材和香料。所以当他们需要什么东西的时候，他们只需发短信给餐馆老板，然后老板在那家店里帮他们订购。现在几乎人手一部智能手机或一台电脑，所以还有一种选择就是网上购买。在中国著名的购物网站淘宝或阿里巴巴上，你几乎可以找到任何你想买的东西。

在和其他外国留学生讨论这个问题的时候，我发现最常见的方法是从自己的国家带东西，或者问其他人能否带一些东西给你。一般来说，中国允许进口食品，但有进口管理条例。所以最好还是只带一些原装未开封的食品，比如装在罐子或瓶子里的食品。

如果想根据你的国籍找一家做你的家乡菜的餐馆，可能会有点儿困难。在每个城市你都能找到一些外国食品，例如比萨饼、日本寿司、德国食品和法式面包。比萨饼大多是美式的。德国菜很贵，而且可能还达不到你的标准或期望。你还会发现有许多餐厅专营印度和清真菜肴（来自不同的阿拉伯语国家和其他中东国家）。

找到此类商品的一些提示：

- 如果你要在中国待一段时间，那么来中国之前最好准备一些必需的食物或其他常用物品。但是，在装箱之前，一定要对照中国进口管理条例检查，以避免过海关时出现问题！
- 在华期间询问同胞购买此类产品的途径，他们会告诉你最佳地点，你可以在那里购买或食用自己国家的食品。也经常有朋友在微信群分享类似的信息。
- 问问你认识的人，有没有愿意一起做饭的。如果可以的话，这会更有趣、更容易且更省事。特别是刚到中国的时候，你可能找不到合适的厨房空间和烹饪设备。
- 不要总是想着吃自己国家的食物。中国菜种类丰富，也很美味，每个人都能找到心中所爱，尝一尝中国菜吧！
- 除了淘宝和阿里巴巴，你还可以登录天猫等网站购买很多家乡的商品。不过，要做好心理准备，有些商品可能比你在自己国家买要贵。

姓　　名： 克劳迪娅
国　　籍： 德国
就读院校： 电子科技大学
在华时间： 5 个月
居住城市： 成都

如何选择礼品带回家？

中国有着悠久的历史和深厚的文化底蕴，全国各地文化传统都有所不同。你给朋友和家人买礼品时，必须考虑每个人的喜好，以及你想花多少钱。在中国可以买到适合不同人群的礼品，但价格和质量也有很大差别。一些常见的礼品有茶、酒、小吃、瓷器、中国传统服饰以及各种小纪念品。在中国各地都可以买到称心的礼品，但你必须清楚去哪里买才是最划算的。

许多人都觉得旅游景点是买纪念品的好地方。的确，在旅游景点，你能买到很多纪念品，但往往卖得很贵，质量也一般。如果你在北京这样的城市能待很长时间，应该多去几个地方看看，并记下你想买纪念品的地方。你会发现城市不同地方卖的纪念品价格各不相同，质量参差不齐，一些质量低劣的礼品可能比你在其他地方发现的优质的礼品要价还高。尽管离旅游景点远一些，但是在北京买礼品的最佳地点还是市中心一带。我经常去五道营胡同一带买白茶和茶具（可惜这些商店现在已经关闭了）。五道营胡同有许多礼品商店，能买到好衣服、珠宝、新旧陶器等。我偶然发现，有一些商店也有牦牛皮毛（一种羊毛和羊绒的替代材料，价格比西方国家便宜）制作的服装，让传统的中国服装显得更时尚和现代。

如果你财力有限，只想买些小礼品的话，依然可以去高端礼品店转转，只看不买嘛！还有许多商店的商品质量各不相同。如果你买茶叶或瓷器，不同种类的产品价格迥异，前者定价取决于茶叶的类型和质量；后者取决于是工厂制造还是手工打造，以及设计师的名气。这些礼品或其他类似礼品价位不同，任何有经济能力的人都可以购买。如果想送朋友和家人礼品，只要仔细耐心地选择就是了。

下面的提示，给和你关系不错的人买礼品时可以参考：

- 如果你在旅行时不确定买什么礼品，或者没有时间去质量较好的礼品店，那么买明信片之类的小东西就行。我本人几乎每到一个地方都会买些明信片。明信片方便携带，可以从任何地方寄给家人，价格又不贵。
- 在中国很多商店买礼品时（一些高端或名牌商店除外），几乎总是可以杀价。
- 买礼品时，一定要清楚什么东西能带回国，什么东西不能带，如许多国家是禁止带入某些食品的。另外，在中国购买刀剑之类的东西，旅行时真的不能携带。
- 在决定购买礼品之前，先要看好，弄清楚情况。如果通过淘宝等在线商城购买，要小心买到劣质或假冒商品。最好去实体店购买或是从信誉比较好的网上零售商（如京东商城）那里购买。

姓　　名：李云起
国　　籍：加拿大
就读院校：北京语言大学
在华时间：2 年
居住城市：北京

在中国赠送礼物的规矩有哪些？

在中国文化中，赠送礼物在维持良好人际关系方面起着至关重要的作用。无论是于公还是于私，赠送礼物都有一些基本的规矩。

送礼物时要格外注意。如果送了不合适的礼物，一番好意可能会被误解。若打算送别人礼物，必须知道有哪些忌讳，比如最好别送给中国人白色和黑色的东西，数量成四的礼物，以及钟、鞋子、梨、绿色帽子、雨伞和蜡烛等。

送花作为礼物是很不错的选择，几乎适合所有的场合，但要注意，花在不同的文化背景中有不同的含义。例如，中国人普遍认为，菊花一般有哀悼和分离的含义，丧服上经常佩戴白菊花，所以最好不要把它送给你的朋友。不同颜色的菊花有不同的含义，例如黄色的菊花有失恋的含义，最好不要把它作为礼物送给任何人，尤其是最近失恋的朋友。

巧克力、葡萄酒和其他酒类、手工艺品或当地特产等都适合当作礼物送人。在赠送此类礼品时，请记住要送双数（不含数字 4）。最好是六件和八件，但如果送更贵的礼物，你可以买一对。红色的礼物或红色包装的礼物很受欢迎，因为红色象征财富和好运。

赠送礼物有一些原则。第一个是“礼轻情意重”。到朋友家做客，应该给主人带一些小礼物，如鲜花、水果、手工艺品等。如果主人家有孩子，可以送玩具和糖果。如果参加婚礼，可以赠送鲜花，但最常见的是人们会赠送一个装着礼金的红包，数额根据你们的关系而定。大部分中国人不过圣诞节，但如果你要送礼物，可以送苹果。送一个苹果似乎很奇怪，但已成为时尚。第二个是把握时机和讲究方法。别在公共场合或是人多的时候送别人礼物。否则，接受者可能会感到有点儿尴尬，而那些没有收到礼物的人可能会很不舒服，感觉受到了轻视。第三个是态度诚恳，说话礼貌。恰当的表达、合适的态度和得体的行为是非常重要的。

第四个也是最后一个，就是要考虑礼节和风俗习惯。在中国，赠送礼物是社交的常态之一，礼物的选择也应符合这一要求。对于不同的人、不同的情况和场合，要选择不同的礼物。

以下是关于赠送礼物的一些建议：

- 给朋友送礼物时，应注意与朋友的关系，避免误会。在中国有很多东西是不能随意送的。
- 礼物最好用红色包装，很多人认为这是一种幸运色。
- 要礼貌地用双手把礼物送到别人手里。
- 赠送礼物时，中国人出于礼貌可能会推让一番，他们只是想谦虚一下，不想表现得很贪婪。
- 客人收下礼物后通常不会在你面前打开礼物，因为中国人认为客人在时打开礼物不礼貌。
- 礼物不要太贵。家乡特产是最好的礼物，对于很多人而言都是很有意义的。

姓　　名：白玫
国　　籍：伊朗
就读院校：北京语言大学
在华时间：14年
居住城市：南京、北京

旅行时购物有哪些注意事项？

我和许多人一样，也喜欢购物，尤其是当我去一个从未去过的地方旅行时。无论是买些纪念品还是当地特色美食，我总是要买些东西来纪念旅行经历。但和其他人不同的是，无论去哪里旅行，我都会提前花很多时间研究买什么东西最好。如果找不到我要买的东西，或找到了但质量不过关，那么我通常就只买明信片（相对稳妥的做法）。

旅行时购物最重要的是知道在哪里能买到你想要的东西，并确保质量过关。在中国旅游，你很容易买到纪念品，但可能买不到你真正想要的东西。很多街道的礼品店可以为游客定做礼品，比如北京的南锣鼓巷和哈尔滨的中央大街，但是如果想找一些更独特的东西，你就得另辟蹊径。

如果你想在中国旅行时购物，但又不熟悉你要去的地方，那么也有很多解决办法。你首先应该做的就是收集旅游目的地的相关信息，同时也可以问朋友是否有人去过，情况如何。如果旅行时间到了，却仍然没有找到足够的信息，那么可以在到达目的地后，询问当地人或者自己做一些探索。当问当地人时，最好不要问在城市旅游区附近闲逛的那些人，因为他们可能会推荐你去附近商店购物，即使那里没有你要买的东西。

中国现在有很多好东西可以买来作为纪念品，只是你得知道应该在哪里买。以我在北京的生活为例，我个人

建立了许多人脉，发现了许多不错的商店，几乎想要的任何东西我都能买到，而且质量很好。如果想找到这类商店或建立良好的人际关系，无论在哪里生活或旅行，都必须保持好奇心，多问别人，敢于探索。人们常说“好奇害死猫”，但好奇心也能让人对生活有新的认识，帮助我们获得知识，帮助我们与各种各样的人建立良好的关系。

以下是旅行中购物时应注意的一些事项：

- 如果找到的礼品不称心，不要勉强，毕竟旅游景区的很多其他商店也会出售类似的礼品，还是会有很多选择的。如果仔细寻找，也可能会找到一些好一点儿的礼品店，卖的不是旅游景区那种低劣的礼品。其实，想买到好点儿的纪念品，也未必需要花很多钱。
- 旅游景点的东西往往卖得都很贵。记住，他们的开价总是比成交价高。除了品牌商店，其他商店几乎都可以杀价。
- 先弄清楚自己想花多少钱，然后再研究旅游目的地的各种特色商品。有当地人的帮助会好很多，因为他们会给你一些推荐。
- 不要买太多东西，也别买太重的东西，但如果买了，最好通过快递寄回你在中国的住所。这样既省钱又方便，比旅行时随身携带一大堆东西要好得多。寄回国费用昂贵，不推荐。
- 不要一时冲动购买礼品，也不要为了还一份人情而着急购买礼品。耐住性子，找到了物美价廉的东西，再出手也不迟。

姓　　名：李云起
国　　籍：加拿大
就读院校：北京语言大学
在华时间：2 年
居住城市：北京

为什么说秀水街是北京的特色购物街?

在北京，如果你想购买物美价廉又具有中国文化特色的商品，你可以到秀水街逛一逛。秀水街虽然被称为街（原来是街），但它实际上是一栋有很多楼层的大型商厦。秀水街的不同楼层售卖不同种类的商品，而同一楼层的商户则售卖相同类型的商品。秀水街的商店都特别小，店中密密麻麻地摆满了商品。因此，如果你不打算购买任何商品，也可以选择在秀水街走一走，逛逛这些具有中国文化特色的小店。

秀水街最大的特色在于，商户不会对商品明码标价，而且会在客户咨询商品价格时，给出一个高到让人难以接受的价格。因此，如果顾客想要以合理甚至较低的价格买到自己喜欢的商品，就需要与商户讨价还价，也就是说，商品的最终价格取决于你与商户的博弈。老实讲，在秀水街购物就像是一场游戏，你能够在与商户的谈判过程中体验市场的游戏规则。

虽然北京的商场数量众多，但秀水街仍然是极具特色的一个地方。作为北京的一个特色景点，秀水街还接待过诸如法国前总统希拉克、美国前国务卿贝克的夫人等名人。所以它绝对是个值得你去体验的地方。

除了秀水街，如果你想要体验北京的繁华，你也可以去北京任何一个购物商场走一走。一般而言，这些商场的占地面积都很大，由好几栋建筑组成，拥有购物、休闲、餐饮和娱乐等各种功能。当前，这些商场已经成为北京居民主要的社交场所，因此，在享受购物乐趣的时候，你还可以在这些商场中体验北京人的生活哦！

一些建议：

- 如果想在秀水街购买商品，你需要对该商品的质量和价格有一定的了解，这将有助于你与商户讨价还价。一般来说，商品的实际价格顶多为商户最初要价的 50%，甚至更低。
- 如果你并不打算购买商品，请不要向商户咨询价格。这主要有两个原因：一是商户会认为你可能对商品感兴趣，所以想要立刻跟你谈价钱；二是如果你拒绝与商户讨价还价，或者在讨价还价后不买了，商户会认为这是一种不尊重他的表现。
- 与其他大商场不同，秀水街一般不提供商品售后服务，买完商品后别想着能退货。
- 在购买商品之后，务必要求商户提供相应的票据，如果商户拒绝提供，可以联系商场经理。

姓　　名：陈立瑜
国　　籍：马来西亚
就读院校：北京大学
在华时间：8 年
居住城市：北京

在中国买东西真的像别人说的那么便宜吗？

外国人都有这么一种印象：在中国买东西非常便宜。但真的是这样吗？有时候你确实会找到一些比在自己国家便宜很多的东西，但并不是所有的东西都便宜，也不是在所有的地方都可以买到超级便宜的东西。

不久以前，在网上支付和网上购物成为中国的常态之前，人们一般都是去市场买衣服、包、行李箱、玩具等各种低价的商品。如今，这种市场已经不像过去那样受欢迎了，但是在中国各地还能找到类似的地方。如果你愿意的话，可以去看一看，或许能买到些有意思的东西。

去这种地方很有趣，但也有麻烦的地方。比如这些市场里的商品一般没有标价，这意味着：第一，价格是可以商量的；第二，如果你是外国人，他们很可能会给你开出非常高的价格。如果遇到这种情况，你可以直接把价钱砍到一半或更低。相信我，虽然听起来很不可思议，但确实如此。

购物的时候，如果觉得价格很高，你还可以这么做：假装不感兴趣，做出要离开的样子。要是他们叫你回来，就意味着价格还可以降低，不叫你的话就意味着你要出更高一些的价格。要记住，你得合理砍价。记

得刚到中国的时候，我和一些朋友去逛市场。一个朋友在一家小店看到一件自己很想买的衣服。她一进去就抓住这件衣服，卖家还没开口说价格呢她就开始喊：“太贵了！”店长当然立马发现我朋友其实不懂汉语，当场笑了起来。

砍价有时确实会有点儿麻烦，但是这种经历也非常有意思。去过几次后你就会变成一名“砍价专家”。这样不仅可以买到便宜的东西，而且还可以练习说汉语。祝你购物顺利！

砍价时你要记住这几点：

- 如果想让他们给你一个合理的价格，你也必须给他们一个合理的出价，不然卖家可能会生气。
- 你的出价不要比在自己国家买的价格高。
- 不论他们一开始是否接受，你要坚持你开出的低价。
- 从我个人经验来讲，如果你对他们友好，就容易说服他们；如果你不礼貌，他们就不会喜欢你，也就不会给你一个满意的价格。

姓　　名：白贤俊
国　　籍：墨西哥
就读院校：北京语言大学
在华时间：6 年
居住城市：北京

中国最流行的付款方式是什么？

中国在线支付技术发展速度惊人。在中国，在线支付不仅可以使用，而且实际上已经超越了其他更传统的支付方式，如现金、借记卡和信用卡。现在主要的支付方式是支付宝和微信支付，所以大多数主流商店都有相关设备，用来扫描手机上应用程序生成的独有的二维码。给小商店、街边小摊或个人支付费用时也可以扫描他们打印好的或手机上的二维码。

支付宝隶属于淘宝，淘宝是中国最大的网上商城，所以支付宝更常用于网上商店的支付。支付宝应用程序提供你的财务详情，包括已选购商品的物流详情或退款信息。支付宝也提供支出分类明细，还经常有赠送红包活动和其他活动，特别是在春节前后。

微信支付只是微信众多功能的一部分。在中国，微信本身已经成为日常生活中不可或缺的一部分，以至于生活中离开了微信，似乎无法想象会怎样。微信支付可以帮你完成很多事情，包括但不限于：叫出租车，买电影票，捐钱给慈善机构，预订机票、火车票和酒店，支付水电费，投资，以及在商店付款。微信是中国头号通信应用程序，用户利用微信支付向朋友转钱和发红包是非常方便的。你可以直接将资金转给联系人、在微信群中与人分摊账单以及向人收钱，所有这些都是通过消息传递功能完成的。微信支付也与房屋租赁公司自如合作，因此租金可以通过微信在线支付。

虽然你可以将国外维萨卡或万事达卡（借记卡 / 信用卡）与支付宝和微信支付绑定，但微信支付还有一定限制，无法绑定许多国外的银行卡。支付宝则功能强大，可以绑定国外银行卡。如果不能在中国充值或付款，可以用国外银行卡在线购买。

简单地说，中国的在线支付虽然还存在一些初期常见的问题，但总体而言，在网上支付技术方面，中国处于世界领先地位。

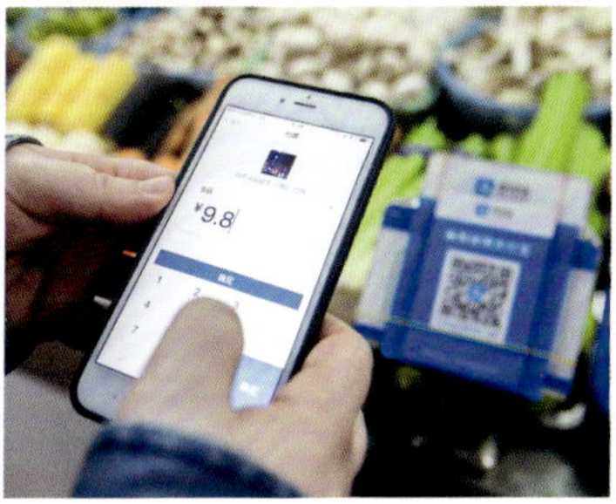

几条建议：

- 支付宝和微信支付作为中国在线支付领域的两大巨头，彼此间的差异越来越明显。如果打算在中国生活，最好两种都用。
- 网上支付当然会存在一定风险，但两家公司都在尽其所能将风险降到最低。
- 注册支付应用程序时用户必须使用有效身份证件（外国人通常是用护照）进行验证，账户还必须与手机号绑定。手机号申请也采用实名制，需出示有效身份证件。
- 每个应用程序对不持有中国身份证的人都有限制，这些限制通常与合作公司有关，例如，如果希望使用支付宝在国外购买商品，有些地方付款将无法实现。
- 在中国，你可以放心地使用这些支付应用程序，但要清楚，在国外使用还是有局限的。

姓　　名： 富莎莎
国　　籍： 英国
就读院校： 北京语言大学
在华时间： 5 年
居住城市： 北京

图书在版编目（CIP）数据

在华生活锦囊 101 /《在华生活锦囊 101》项目组编；于德伟译. -- 北京 ：北京语言大学出版社，2020.1

ISBN 978-7-5619-5574-1

Ⅰ. ①在… Ⅱ. ①在… ②于… Ⅲ. ①社会生活－概况－中国－现代 Ⅳ. ①D669

中国版本图书馆 CIP 数据核字（2019）第 261569 号

部分图片供稿：视觉中国 全景

在华生活锦囊 101

ZAI HUA SHENGHUO JINNANG 101

策划编辑：于华颖 责任编辑：梁 骁
责任印制：武晓东 封面设计：奇文云海

出版发行：北京语言大学出版社
社 址：北京市海淀区学院路 15 号，100083
网 址：www.blcup.com
电子信箱：service@blcup.com
电 话：编 辑 部 8610-82303393/3700
国内发行 8610-82303650/3591/3648
海外发行 8610-82303365/3580/3668
北语书店 8610-82303653
网购咨询 8610-82303908
印 刷：北京博海升彩色印刷有限公司

版 次：2020 年 1 月第 1 版 印 次：2020 年 1 月第 1 次印刷
开 本：889 毫米 × 1194 毫米 1/32 印 张：7
字 数：177 千字 定 价：58.00 元

PRINTED IN CHINA